あいちトリエンナーレ「展示中止」事件

岡本有佳
アライ=ヒロユキ〈編〉

あいちトリエンナーレ「展示中止」事件

表現の不自由と日本

岩波書店

はじめに――「表現の不自由展・その後」という扉

アライ＝ヒロユキ

複数原因の検閲事例

戦後の日本文化史において大きな足跡を残すであろう、「表現の不自由展・その後」事件。これは抱える問題の多彩さ、幅広さ、複雑さでも類がない。

概略すると、「表現の不自由展・その後」はあいちトリエンナーレ2019のなかの一企画で、公共施設や公共空間で検閲・規制された美術作品を集め、展示する企画。開幕の八月一日から数多くの匿名性の嫌がらせや攻撃を理由に三日後にして展示中止を強いられた。その後一〇月八日に展示再開し、台風による一日分の全館展示休止を除き、一〇月一四日まで六日間の展示を続けた。

まずあげられるのは、戦後最大規模の検閲事件であること。「表現の不自由展・その後」には一六組の作家が参加。この規模の検閲、しかも展示中止は戦後の日本では例がないだろう。理由は、表向きには電話やファクス、Eメールによる数多くの嫌がらせや妨害行為、さらに放火教唆だ。この間、菅義偉官房長官による補助金不交付の示唆、河村たかし名古屋市長による展示撤去の要請がある。こちらを隠れた一因とするなら、「市民」とともに官からの圧力による、複数原因のめずらしい検閲事例だ。
事件は日本社会の右傾化がもたらしたことも強調したい。「表現の不自由展・その後」は日本軍「慰安婦」をモチーフとした写真展の検閲への抗議行動に根を持ち、日本の過去の戦争や植民地支配への批判が活動の核にある。そこから《平和の少女像》を展示する意図も出てくる。保守・右翼勢力が言論表現を威嚇する恐ろしい存在であることが今回明らかになった。

歴史や社会問題の議論のあり方にも重大な一石を投じた。具体的には表現の自由をめぐるあり方だ。表現の自由、民主主義を成り立たせる手段に「対話」がある。しかし、これは対話を成り立たせるルールがあってのみ有効だ。そのルールは、他者を威嚇しない、他者の存在を否定しない、最低限の論理的手順、の三つが欠かせない。ここで他者の存在を根底から否定するヘイトスピーチが言論の自由に含まれないとする、欧米の社会合意が思い起こされる。形式的な表現の自由論の再検討が改めて論点となった。

マスコミの報道の一面性が明らかになったことも大きい。報道や議論が大村秀章知事(あいちトリエンナーレ実行委員会会長)、津田大介芸術監督、さらにアーティストの言動と動向に焦点が偏重している。「表現の不自由展・その後」を企画した主体である表現の不自由展実行委員会の意志と動きは軽んじられた。それは、その企画意図に触れたがらない社会意識と無縁ではない。

報道の偏りは言葉の偏りにも通じる。検閲事件は美術の問題に違いないが、社会的事件でもある。侵害された権利は法的処置で救われることは多い。公害訴訟はその典型だ。法とは、つまるところ理（ことわり）であり、それを用いた議論は公共性を帯びる。しかるに、「表現の不自由展・その後」を再開させた決定的要因である仮処分申し立てへの注目度は低い。芸術の言葉を用いる作家たちの再開のための協業が多く紹介された。表現は社会的なチャンネルを通さない限り、私的な領域に止まる。内的な表現のモチベーションと善意に傾斜した作家たちの「再開のための活動」は、市民の政治的な活動に開いていくチャンネルを持たない。社会的事件を芸術の範疇に閉じ込めようとする言葉には落とし穴がある。芸術の権利を守る法の論理について、もっと語られるべきだろう。

事件の多重構造

事件がまれにみる多重構造の性格をもつことも見逃せない。「表現の不自由展・その後」を企画した表現の不自由展実行委員会と、展示中止を決定したあいちトリエンナーレ実行委員会とのなかば対峙関係がまずある。ここに「表現の不自由展・その後」の出品作家、さらにあいちトリエンナーレ2019の出品作家が加わる。後者は海外作家を中心としたボイコット作家十数名の「強硬派」と、そうでない穏当模索派、無関心・体制恭順派に分かれる。統括するのは本来津田大介芸術監督だが、後に「厳重注意」処分を受け、後景に退く。残されたキュレーターチームと学芸員に事態解決に動く能動性は見られず、状況の変転に追随して奔走した印象だ。さらに大村知事が立ち上げた「あいちトリエンナーレのあり方検証委員会」（後に検討委員会と改称）が全体の運営に干渉してくる。外部には支持派と反対派の市民がおり、政府と名古屋市はつぶす意図をもって威嚇する。

国際美術展のあり方でもいくつかの論点が見出せる。「表現の不自由展・その後」の展示中止と多数の作家ボイコットを招いた芸術監督の前代未聞の責任問題。さらにあいちトリエンナーレのあり方検証委員会の検証がセキュリティ体制でなく「キュレーション」の質の疑義に終始した問題がある。ここには会期中の作品展示に対する検閲の意味合いがある。

さらに展示内容のあり方も論点となる。海外の国際美術展は近年政治性を強めているが、日本のそれは微温的な色彩が濃い。「表現の不自由展・その後」はいわば海外と落差を埋める性格があり、それに対する攻撃と展示中止は、日本で世界スタンダードとしての国際美術展が可能なのか改めて疑問を抱かせた。

日本の美術界における混迷も印象的だ。まず批評陣営の本質的な議論の希薄さ。さらに一部作家の「表現の不自由展・その後」が持つ「政治性」への憎悪もある。あいちトリエンナーレ2019の参加作家で政治事件に巻き込まれたと迷惑を表明するものもいた。そうした作家たちは「Jアート」(ガラパゴス的な日本の因襲性を持つことへの侮蔑表現)と呼ばれた。日本の美術界は没政治性をしばしば指摘されるが、言論表現に対する弾圧を他人事と見なせることにその病が現れている。

検閲をめぐる日本社会の特異性

こうしたねじれについては検閲をめぐる日本社会の特異性もある。日本の裁判所の判例では検閲は「事前検閲」のみと定義する。しかしOED(オックスフォード英語辞典)の検閲(censorship)の定義では、事前も事後も関係なく、セキュリティを理由とした中止も含まれる。ボイコット海外作家が本件を検閲と非難することに対し、日本作家がおおむねそうでないのは、言論表現の重要性が日本社会全体で低いことに起因する。

この検閲は作家への権利侵害なのは無論だが、見る側に対する権利の侵害でもある。両者が交差する場=美術展示に求められる自由の問題も十分に議論されていると言いがたい。日本で国際美術展はいわば催事(イベント)のごとく受け止められているが、公的な議論の場でもある。パブリック・フォーラムなる概念があるが、公共の場は最大限自由が保証されなければいけない。現代美術が言論表現でなく、催しもの、娯楽芸能であり、そこから利潤を得るビジネス=地域おこしと単に捉えられているなら国際美術展の資格はない。

「表現の不自由展・その後」をめぐる事件が投げかける問題は多く深刻だ。ここを扉に展開される、多くの言論者、表現者の論を堪能していただけると幸いである。

二〇一九年一〇月三〇日

アライ=ヒロユキ

目次

第Ⅰ部

あいちトリエンナーレ2019で何が起こったか

「表現の不自由展・その後」展示風景
（撮影・アライ＝ヒロユキ）

第1章　国家と文化——「表現の不自由展・その後」をめぐって

蟻川恒正

公的助成と「表現の自由」

愛知県知事を実行委員会会長とする国際芸術祭「あいちトリエンナーレ2019」の中の企画展「表現の不自由展・その後」は、一部の政治家の反発と、一部とはいえ少なくない数の人々からの電話・メール・ファクス等による抗議を受け、八月三日、開催後わずか三日で中止に追い込まれた（一〇月八日から条件を付して再開）。文化庁は、九月二六日、同芸術祭に対し予定されていた補助金約七八〇〇万円を全額不交付とすると発表した。

一連の経緯は、皮肉にも「表現の不自由展・その後」というタイトルにふさわしい。過去に公立美術館等で出展を拒否された作品を集めて展示した、民間ギャラリーでの一五年の展覧会「表現の不自由展〜消されたものたち」の趣旨を引き継ぎ、それらの作品に「その後」出展拒否となった作品等を加え、公立施設で公金の補助を得て再び展示を試みたのがこの企画であった。展示中止と国からの補助金不交付は、この国の表現の自由の不全が「その後」も変わっていないことを痛ましく象徴する。

実際、先の大戦での日本の戦争責任を追及する作品が公的助成を受けることに納得できない思いを抱く国民は、昔も今も、少なからずいる。今回も、展示したいならば民間の施設で私費ですればよいという声が多く上がった。しかし、広く好感は得にくいが考えるきっかけを与えるような作品に、人々が接する機会を増やす手助けをするのが、表現に対する公的助成の役割である。多くの国民に支持されない作品は公的助成に値しないとするのは短絡である。

一つではない作品の意味

しかも、今回の表現の不自由には、かつてと変わっていないだけではない点がある。自分たち国民の支持しない作品を国費で展示するのはおかしいという一部の人々の声を、補助金不交付により、結果的に政府が追認する形となった点である。

日本の戦争責任を問うように見られる作品として最も反発を受けたのは、日本軍の慰安婦となった韓国人女性を象《かたど》った《平和の少女像》である。この像は、反発する人々からは、単なる政治的プロパガンダと見られ、芸術とはみなされていない。けれども作家は、像の影を老女のシルエットにして、あたかも異時同図法のように、女性が味わい続けた苦難と、長い歳月を経て名乗りでた勇気とを同時に表現し、今を生きる全ての女性に通じる普遍的主題に肉薄している。この像は、観念的な日本批判とは異なる地平に属している。

もうひとつ、強い反発を浴びたのは、昭和天皇の肖像を焼く場面を含む映像作品である。だが作家は、昭和天皇の肖像は作家の自画像だと語る。肖像が焼かれる場面は、過去に富山県立近代美術館で展示された自らの連作が、天皇をコラージュしているという理由で後に問題とされ、展覧会図録の残部が焼却処分された事実を映像化したものともとれる。この解釈からすれば、焼かれたのは作家の肖像であり、焼いたのは(図録を焼却した)行政機関となる。

作品は、一つの意味には回収されない。けれども人々は、作品を攻撃するとき、わかりやすい単一の意味を求める(慰安婦像は「反日」、天皇の肖像を焼く映像は「不敬」)。政府が補助金不交付を決めるときも、そうでない保証はない。だからこそ、補助金を交付するか否かの決定には、表現文化に習熟し、その評価を職責とする文化専門職の関与が不可欠となる。文化専門職を育成・尊重し、政府が表現文化を直接評価しないようにすることは、巨大な国家助成の時代に表現の自由保障(憲法21条1項)を実質化する上で決定的に重要である。だが、公金が投じられる国家プロジェクトには、政府の関与も欠かせない。私は、補助金事業の「基本方針」は政府が定めるが、「基本方針」の解釈は文化専門職に委ねるべきであると考える。

文化専門職を関与させなかった不交付決定

今回でいえば、「日本博を契機とする文化資源コンテンツ創成事業」という補助金事業を立て、文化による「国家ブランディング」の強化等をコンセプトとすることまでは政府が決めてよい。

けれども、その解釈は、政府から独立の文化専門職に任せるべきである。

本件も、有識者による審査委員会が企画を審査した。審査の上採択されながら全額不交付となったのは、極めて異例の事態である。

文化庁は「文化資源活用推進事業」の審査において、(1)実現可能な内容となっているか、(2)事業の継続が見込まれるか、の二点で、必要な事実の申告がなかったためだとする。だが、この不交付決定は、審査委員会の有識者と無関係に行われた。これは「基本方針」の解釈は文化専門職に委ねなければならないという要請に正面から抵触する。

事前の詳細な申告なしには実現可能性と継続性は評価できないとした文化庁の判断は、文化による「国家ブランディング」の強化という「基本方針」を、政府が文化専門職に解釈させなかった結果である。現政権による解釈だとすれば、前記二要件が低く見積もられるのは得心がいく。だが、自国の戦争責任を問うように見られる作品の展示企画に実現可能性と継続性を保証できない国家が、国際社会に誇示する「ブランド力」とは一体何なのであろうか。

初出　蟻川恒正「不自由展の補助金不交付――文化専門職に判断委ねよ」(『朝日新聞』二〇一九年一〇月一〇日「憲法季評」)

ここに記した稿は、次のような基本的考え方をもとにしている。すなわち、第一に、国家による表現活動への統制のなかでも、国家が表現に対し規制を加えることと給付を与えないこととは区別されるべきであり、公的助成をする国家は、その撤回について一定の裁量が認められるということ（表現に対する規制と給付の二分論）、第二に、とはいえ、表現活動に対する公的助成としての補助（金）事業においては、国家は事業の「基本方針」を策定する権限までは認められるが、その「基本方針」を解釈する権限は「文化専門職」に委ねなければならないということ（文化に対する国家の主導性と国家に対する文化の自律性との役割分担）、である。これらは、私が旧稿「国家と文化」『岩波講座　現代の法1　現代国家と法』一九一～二二四頁（岩波書店、一九九七年）のなかで明らかにした基本的考え方である。読者の皆さんには、ぜひとも、この旧稿も参照していただきたい。

「表現の不自由展・その後」をめぐる一連の事態が白日のもとに晒したのは、「「基本方針」の策定とその「解釈」との切断を導入すること」という、私が旧稿で提示した「課題」（前記拙稿二二三～二二四頁）が、二〇年以上を経た今日においてもなお、日本社会にとっての「課題」であり続けているという厳然たる事実である。

第２章　〈表現の不自由展・その後〉中止事件
当事者として記録する二七〇日の断章

岡本有佳

検閲は内面化された時、完成する　キム・ジェヨプ

第１部　〈表現の不自由展・その後〉の始まりから展示中止まで

二つの思い

匿名性の理不尽な嫌がらせ・妨害、行政や国家による内容への政治介入を受ける中で強制的に中止された〈表現の不自由展・その後〉(以下、「不自由展」)は、国内外の多くの人たちの闘いと努力、苦渋の妥協や選択の結果として二〇一九年一〇月八日に「限定再開」された。それはあまりにも不自由な形での再開だった。私たち表現の不自由展実行委員会(以下、「不自由展委員会」)も最後まであきらめずに努力したが、作家を傷つけてしまったり、観客の方たちに窮屈で屈辱的とも言える思いを強いることにもなった。「おめでとう」「よくやったね」と言われるたびに胸が締め付け

られるのは私だけではないと思う。

結局私たちは、皮肉にも多くの点で二〇一二年に起きた新宿ニコンサロン「慰安婦」写真展中止事件(後述)をなぞることになってしまった。

一方、突然の一方的な中止宣告以前の三日間と、限定再開後の六日間、合わせてたった九日間ではあったが、私たちが企画した表現の不自由展という作品空間は、私たちがめざしていた〈表現の伝達と交流の場〉になりつつあったのは紛れのない事実であり、かけがえのない経験だった。

一〇月一四日会期終了から一週間たった今、この二つの思いが私の偽らざる気持である。

本稿では、当事者としてあいちトリエンナーレ(以下、「あいトリ」)による〈表現の不自由展・その後〉中止事件を振り返り、津田大介芸術監督から直接オファーをもらってから二七〇日間に何があったのか、その細部を紙幅の許す限り記録として刻もうと思う。

大村秀章愛知県知事が作った「あいちトリエンナーレのあり方検証委員会」(以下、「検証委」)の検証報告は、この中止事件の論点をずらし、事実経過の消去・誤認が含まれていること、マスコミの偏向報道などを踏まえ、当事者の不自由展委員会一員として(全五名。筆者以外はアライ＝ヒロユキ、岩崎貞明、小倉利丸、永田浩三)の記録を残すことに重要な意味があると確信するからだ。

また、理不尽な攻撃により表現の場を奪われた者たちの表現の場・機会を作ろうとした不自由展は、検閲を受けた作品を単に並べて展示するものではなく、それにどう抗ったのかも併せて展示することを重視している点からも不可欠の作業である。ただし、実行委員五名それぞれに見たものが異なる場合もある。また、実質的に実行委員に匹敵する重要な役割を担って下さった三木譲さんや番園寛也さん、李史織さんをはじめとする協働者の方々も含め、全記録を共同で創造することは今後の課題だろう。私はひとまず事実が消されないよう、第一弾の記録を記す。

二〇一五年の〈表現の不自由展〉

今回、あいトリに出品した〈表現の不自由展・その後〉は、もともと私たちが二〇一五年に開催した〈表現の不自由展〉（以下、「二〇一五年展」）が母体になっている。

私たちが二〇一五年展を開催したきっかけは、二〇一二年に起きた新宿ニコンサロン「慰安婦」写真展中止事件だった。これは、世界的カメラメーカー・ニコンが運営する新宿ニコンサロンで予定されていた「慰安婦」写真展が、電話やメールの抗議がきっかけで急遽中止され、写真家の安《アン》世鴻《セホン》さん（今回の不自由展出展作家でもある）が裁判所の仮処分決定をえて開催に至った。

それから三か月後の二〇一二年八月末、「新宿ニコンサロンが中止を通告した写真展・東京第二弾」を企画した。ニコン写真展中止事件に対し、市民の力で淡々と表現の自由の場を守れることを示そうという思いを共有した者たちが集まり実行委員会を結成。これに共感し、場所を貸してくださったのが東京・江古田のギャラリー古藤《ふるとう》のオーナー夫妻、田島和夫さんと大崎文子さんである。

日本社会に広がる排外主義、ヘイトスピーチ問題に取り組む三木譲さんたちとの出会いはこの時だ。三木さんたちから、不当な妨害に屈しないためには「心を一つにすること」という基本から、具体的な方法までを学んだ私たちは、毎日複数の受付体制、会場内外の見守り体制を作った。その時学んだもっとも大事なことは、排外主義的な不当な攻撃や妨害の最前線に立つ人を傷つけないよう、守り合う態勢をどうつくるかということだった。

具体的には電話対応や展示会場内での対応である。「受付・警備心得」をつくり、毎日それぞれの持ち場で何が起きたのかを共有した。ギャラリーが自宅を兼ねていたので、事前に地元警察や区役所とも話し合い、必要最小限の対策を講じた。弁護士の方々にも交代で見回りに加わっていただくなどの努力の結果、会期を通じて大きな混乱もなく、写真展は無事終了した。

ニコン写真展中止事件の二か月後には東京都美術館で、ソウルの駐韓日本大使館前にある《平和の少女像》のミニチュアなど「慰安婦」をテーマにした二作品が作家も知らないうちに、会期四日目に撤去されるという事件が起こっていた。ニコン事件はマスコミで大々的に取り上げられたが、こちらは一行も報道されなかったことも驚きだった。知らないうちに表現の自由が侵害されている、これを可視化する展覧会を開こうと、一五年一月一八日〜二月一日、各地の美術館などで撤去や規制を受けた作品を集めた二〇一五年展をギャラリー古藤で開催した。前述の安世鴻写真展で作り上げた警備体制を深化させ、総勢約八〇名でつくりあげた展覧会は、一五日間で約二七〇〇名が来場し、日本社会で「不自由さ」を感じている人がいかに多いのかを示した。

そのとき招待した《平和の少女像》の作家キム・ソギョン、キム・ウンソン夫妻が日本大使館前のブロンズ像と同じサイズのＦＲＰで制作した作品を一緒に持ってきてくれて展示した。展覧会終了後、二人は《平和の少女像》は日本に居るべきだと私たちに託した。その後四年あまりの間、警備問題などで常設展示できる場所も見つからないまま、芝居や集会などでゲリラ展示をしてきた。それが今回あいトリで展示した《平和の少女像》である。

このように「表現の不自由展」にとって安世鴻写真作品と、《平和の少女像》は原点であり、日本では発表の場の確保が難しいという意味で、二〇一五年以降も継続して「表現の不自由な作品」だった。だから今回の「その後」には不可欠な作品だったのである。

ここで強調しておきたいことが二つある。

第一に、今回、不自由展に対して排外主義や性差別、日本の植民地支配責任・戦争責任の否定を背景とした不当な攻撃があり、あいトリ事務局の職員が大変な困難にさらされたことは事実だ。しかし、日本社会においてこのような攻撃がマイノリティにかかわる表現に加えられるという状況は、あいトリから始まったわけではない。そうした現状への危機感こそが二〇一五年展、そして今回の〈表現の不自由展・その後〉が展示を通して問題提起しようとしてきた原点である。

第二に、私はニコン事件裁判支援の経験から、「表現の自由」（憲法第21条）の重要性について再発見させられたことがあった。

憲法学者宮下紘さんの意見書中の「表現の自由の担い手は、送り手と受け手の双方であり、そして両者による情報の伝達と交流の場が必要」という一文だ。

つまり、「表現の自由」とは、表現する者の自由、観客の知る自由、そして、作品と観客、観客と観客、作家と観客の〈表現の伝達と交流の場〉の実現を含むということである。

双方向の〈表現の伝達と交流の場〉が確保されてこそ「表現の自由」が守られているという観点は、ヘイトスピーチや性暴力的表現なども「表現の自由」だという主張が成り立たないことの、有効な論証になるとも思った。

津田芸術監督のオファーにより、あいトリ正式出品へ

二〇一五年展に津田大介芸術監督が来場し感銘を受けたことが、私たちがあいちトリエンナーレ2019に参加する直接のきっかけになった。永田浩三さんを経由して私に最初に連絡があったのが一九年一月一七日、二月四日と三月四日に六本木の津田監督が経営する会社で打ち合わせをした。

津田監督は、「大村知事から芸術監督を依頼された際、「とんがったものをやってくれ」と言われた」と言い、二〇一五年展と同様のコンセプトで、その後の経緯なども追加した企画展を実現してほしいと〈表現の不自由展〉の企画とキュレーションを依頼された。ニコン裁判の判決もすばらしいのでぜひ紹介したいとも言われた。

私は津田監督の話を聞いて、〈表現の不自由展〉の企画が、日本社会で検閲や規制が多く起きている公的な美術館で行われるあいトリで実現すればすばらしいことだと感じた。同時に、これは相当大変なことになるとも考えた。一つは途中で検閲や政治的圧力がかかるのではないかという

懸念、もう一つは警備の態勢づくりである。場合によっては津田監督とも対立することもあり得る、極端な話、「アンチ・トリエンナーレ」をやる可能性もあるが大丈夫かと尋ねた。これに対して津田監督は「大村知事は「金は出すけど口は出さない」と言っている。もしそんなことが起きたら僕もそちら側で闘いますよ」と力強く言ってくれた。

全体予算と経費精算、企画料について津田監督は、「必要経費はすべて支払う。〈表現の不自由展〉には、トリエンナーレの新作作家として、新作作家の謝金三〇万円を支払う」とし、大村知事と津田監督が責任をとる、公金を使ってすることが重要である、などの説明も受けた。

私は、津田監督の熱のこもった説明を聞いて、やるだけやってみようと決意した。そして「いい企画にするためにチームを作り議論しながらやりたい」と伝え、津田監督の了解のもと二〇一五年展やニコン裁判支援に関わったアライ、岩崎、小倉、永田の四人に声をかけ、私とあわせ五人からなる不自由展委員会を結成した。また、当初から警備のことが心配だった私は、協力を依頼するかもしれないと三木さんに電話を入れた。

三月一八日、津田さんの会社で私、岩崎さん、小倉さんの三名で打ち合わせをした際、津田監督から、作品の輸送をあいトリ全体の経費で賄うために三月末までに大きな作品だけでも決定しなければならないと説明があり、安世鴻「慰安婦」被害者写真、白川昌生《群馬県朝鮮人強制連行追悼碑》、中垣克久《時代《とき》の肖像》、大浦信行《遠近を抱えて》、キム・ソギョン&キム・ウンソン《平和の少女像》の等身大とミニチュア、９条俳句などの作品が上がった。また、キュレーションとしては作品展示のみでなく、その「事件」が目に見えるようにする、「表現の不自由をめぐる年表」を大きくしっかり展示する、さまざまなトークイベントで理解を深めていく案が出た。

こうして三月二七日にプレスリリースが出され、〈表現の不自由展・その後〉があいトリの参加アーティストとして正式に発表された。

なぜ《平和の少女像》はここに居るのか？

一九年四月一日から、不自由展委員五人と津田芸術監督での出品作品の検討が始まる。中でも、《平和の少女像》について詳しく書いておく。前述したように、表現の不自由展にとって安世鴻さんの写真作品と、《平和の少女像》は原点であり、「その後」展には不可欠な作品だった。

もう一つの理由は主に私が主張した。

ソウルの駐韓日本大使館前にある《平和の少女像》に対し、二〇一一年末の建立の時から現在まで、安倍政権は一貫して「撤去・移転」を求め続け、その主な根拠がウィーン条約「公館の安寧の妨害・威厳の侵害」に抵触し「違反」だと主張している。その根拠について検証した記事を日本の報道で筆者は見たことがなく、ほとんどが撤去されてしかるべきとの論調である。

国際法学者の阿部浩己さんは、国際法上、何をもって「公館の安寧の妨害・威厳の侵害」であるかは一義的でないと指摘する。その上で《平和の少女像》の設置によって大使館の任務遂行を妨げておらず、公館の損傷や職員の危険もないとする。さらに重要なのは、ウィーン条約違反か否かの判断には現在の国際法体系全体に照らした視点を導入することだという。「国際人権法の観点からも、記念碑の設置は人権侵害の被害回復措置の一つとして位置付けられており、また、過去に向き合い、過去について知る市民の権利を実現することとも密接に関わっている」とする(傍点筆者)。これらを総合的に判断すると、「公館の安寧の妨害・威厳の侵害」と判断するのは困難と思われるにもかかわらず、《平和の少女像》の撤去を要求するのは、国際人権諸条約の要請(表現の自由や被害回復の促進など)を否認する事態を招きかねない恐れがあるとしている(阿部浩己「平和の碑の設置と国際法」『wam だより Vol. 36』二〇一七年八月、同『国際法を物語る 2』朝陽会、二〇一九年)。

こうした文脈から安倍政権による《平和の少女像》の撤去・移転要求は、日本国家レベルの現在進行形の検閲とも言え、作家からすれば表現の自由への侵害となると主張した。このような議論も含め作家を交えたトークイベントで展開していこうとも津田監督と話し合った。

津田監督は不自由展にとって《平和の少女像》展示が中核になることに理解を示す一方、政治家や保守的な勢力からのクレーム等も心配していた。その場で私たちへの依頼を取りやめにすることもできただろう。しかし津田監督は、困難でも最後まで努力しましょうと言ってくれた。

ここで展示作品の選定作業について言及しておくと、のちに津田監督は、不自由展委員会の強い意向に押されたという旨の発言をしており、検証委の中間報告もそのトーンになっているが、それは事実と異なる。選定作業はすべて不自由展委員会と津田芸術監督双方で提案し、議論し、採択した。また、あいトリ側の要望でストップが入った主題もある。

津田監督は、作品選定という最もデリケートな問題について、その一部を不正確なかたちで、個人名も含めＳＮＳなどに流出させた。それにより不自由展委員会は現在も大変な迷惑をこうむっている。芸術監督としての責任ある態度だとは思えない。筆者はこれについて津田監督に直接抗議し、津田監督は謝罪し、もうしないと約束したことを記しておく。

消された出品作家としての参加同意書

五月八日、不自由展委員会の五人で、初めて会場である愛知芸術文化センターを訪問し、会場のスペース、形状などを確認し、レイアウトなどを協議した。

現地視察のあと、不自由展委員五人、津田監督、あいトリ事務局の判治忠明あいちトリエンナーレ実行委員会事務局次長・愛知県県民文化局文化部トリエンナーレ推進室長（以降、あいトリ側との交渉は主に津田監督と判治室長が中心となる）ほか事務局三人ほどで会議をした。各作家の展示プランを話し合い、あいトリのキュレーターと相談していきたい旨を再度伝えた。

この日、判治推進室長から、「不自由展開催にあたって主催者としての警備関連の懸念事項」を文書で示された。主な内容は「天皇の肖像使用、慰安婦像展示にかかる保守系団体等からの抗議」「法律への抵触（猥褻との関係）」「被爆者、障害者等関係団体からの抗議」「公平性確保」などで対策などの意見交換をした。

私たちからは、まず「この企画をよくぞやって下さる、きちんとできたら、検閲・規制をなくしていくことの問題提起になる。感謝しています」と伝え、ともに経験やノウハウをシェアして対応していこうと伝えた。その時私は、現場でいちばん大変なのは電話対応であることを指摘し、弁護士や警察との連携も欠かせないと伝えた。三木さんのことも紹介したところ、判治室長からは早期に三木さんと面会して、対応方法について協議したいとの意向が示された。

ここで契約問題について整理しておきたい。

私たち不自由展委員会はあいトリとの間に二つの契約を結んでいる。

① 出品作家としての契約

五月八日、大村会長名の「「あいちトリエンナーレ2019」への参加について（依頼）」と題する書面を手渡された。そこには、不自由展に対して、「貴殿に出品作家として本芸術祭に御参加いただきたく存じます（傍点筆者）」と書かれていた。不自由展委員会同席のもと代表して私が署名・捺印した。

この「参加同意書」こそ、のちに発表される検証委の中間報告からなぜか抹消され、何度指摘しても掲載されなかったものである。会期終了後の一〇月二一日になってようやく報告書に反映されるとの連絡を受けた。

展示中止後、再開を求めて私たちが起こした仮処分申立の争点の一つが、「出品作家としての展示請求権の有無」「作家の人格権利益の侵害」であった。これに抵触するがゆえに「出品作家」であることを否定し続けたことは、申立後の記者会見（九月一七日）で大村知事が「不自由展の人たちは作家さんではありませんのでね、ありませんのでね」と連呼したことからも明らかである。検証委報告書における抹消と知事による「出品作家」否定発言、それを検証しないメディア、あいトリの日本人参加作家たちにも見られる「不自由展実行委員会は作家ではない」という事実と異なる言説は、一本の線でつながる。

② 不自由展参加作家との関係と業務委託契約

このように、不自由展は、あいトリに正式な出品作家としての参加が決まっていたが、不自由展への出品を個々の作家に依頼するにあたっては、出品依頼書や承諾書などの書面のやりとりが必要になる。私たちは、作家への正式な対応はあいトリ事務局が担当するものと思っていた。しかし、あいトリ事務局からは、個々の作家との対応は、あくまでも不自由展委員会が窓口となってほしいということだった。それに先立って、あいトリ実行委員会と不自由展委員会との間でも、契約書を締結する必要があると説明を受けた。

そして六月一三日、あいトリ事務局から、あいトリ実行委員会と不自由展委員会との間で結ぶ契約書のひな形が初めて提示された。この契約書を見て私は驚愕した。素人目にも不自由展委員会側の責任のみが一方的かつ過大に重く、自由度と権限が極度に制限された内容だったからだ。私たちはこの事態に困惑し、そもそも津田監督から依頼された「キュレーション」(企画立案・監修、解説)だけの仕事をするという基本に戻り、私たちが作家との契約主体になることはできない、という原則に戻りたいと津田監督に伝えた。しかしそれは叶わなかった。

あいトリ側は、通常のキュレーション業務と異なる内容と条件の下での依頼であるため、キュレーター契約を締結するのは難しい、さらにキュレーター契約すると、あいトリ実行委員会の意向のもとに置かれ、出品予定の作家の起用が難しくなる、と主張した。つまり、あいトリが作家との直接契約を避けたのは、諸々のことが不自由展委員会の責任に回収される構造をとりたかったからと推察される。

この時点で、不自由展委員会が契約を放棄して撤退するという選択肢もあったかもしれない。しかし私たちが後悔に苛まれながらも開催へ向けて作業を進めた理由は、すでにプロジェクトがかなり進展しており、この時点で撤回すれば、展示準備に入っていた出品作家に多大な迷惑を強いるということに尽きた。

契約書の不均衡を修正

ここで私たちは、契約自体は受け入れるが、両者の条件をなるべく対等に持っていくための交渉に入った。特に重要な修正点は以下の通りである。

まず、当初の契約書案第１条の７項で、「甲（あいトリ実委）は、災害が発生した場合又は乙（不自由展実委）が第三者権利侵害等の違法行為を犯した場合等、出品作品の展示が不適当となったと判断したときには、出品作品の展示を中止することができるものとする（傍点筆者）。」となっていた。「場合等」と「等」があり、あいトリ側の判断でかなり自由に中止可能であるように読み取れる。

私たちは、中止できる場合を限定するため、「等」を除くことを提案し、除かれた。

次に、あいトリ側が展示を中止したり、契約を解除しないよう、契約解除に関する条項(当初契約書案の第9条)の削除を要求し、丸ごと削除された。

また、第8条2項の「乙は、出品作品及び乙の行うワークショップ・パフォーマンス等の実施に関し、万一第三者からの苦情等があった場合には、自らの責任と負担により解決しなければならない」という点も不自由展委員会側に過度な負担となるため削除を要請し、受け入れられた。

さらに、第11条では、「乙は、この契約に定める義務を履行しないために甲に損害を与えたときは、甲に生じた一切の損害(弁護士費用等の専門家費用も含むがこれに限られない。)を賠償しなければならない。」とあり、乙に責任がない場合でも損害賠償するようになっていたが、「乙は」の直後に「乙の責に帰するべき事由により」の追加を要求し、追加された。

このように、「契約書」を抜本的に変更できなかったものの、要求の何点かは受け入れられ、あいトリ側が契約を解除したり展示を中止できるかのような条項は基本的に削除された。

こうした修正を交渉するために、弁護士や国際展のディレクター経験者らに相談するため多大の時間を費やしたが、やりとりを重ね契約上の待遇改善はある程度できた。これはのちの仮処分申立の際に大きな武器になった(後日知ったことだが、私たちが不平等な契約内容と思ったものは実はあいトリの他の作家たちの契約内容とほぼ同一のものであった。作家が検閲と闘うためにも、こうした契約状況に置かれていることに改めて注意を喚起したい)。なお、あいトリからの契約についての提示が遅れた上に交渉が長引いたため、あいトリ実行委と不自由展委員会が契約を締結する前に、不自由展参加作家に対して、不自由展委員会の名前で出品依頼書を送付するというイレギュラーなものとなった。

最終的に契約書を調印したのは七月二九日の設置作業を終えた夕方だった（ただし契約書の日付は七月一日）。八月一日の開幕まであと三日だった。

警備対策への助言・提案・協力

五月八日、判治室長が三木さんとの面談を望み、早速三木さんに警備対策の協力を依頼し快諾いただいた。三木さんからのアドバイスとして、事前の情報収集が重要で、ちゃんと準備して備えているぞ、という姿勢を相手に見せることが大事だという。期間は長いが、相手は中止が狙いなので、初日と最初の土日をしっかり守ることが重要である旨津田監督に伝えた。現地を見る必要があり、会議は名古屋で行うのがベストとのことで早めの日程調整をお願いした。

やっと警備会議が開かれたのは五月三〇日だった。トリエンナーレ推進室会議室で、私と三木さん、津田芸術監督、判治室長含む事務局四名が参加。三木さんからは、事前に妨害行為などの動きを把握すること、警備はさまざまなシチュエーションごとに対策を立てておくことが重要であると説明があった。

また、もっとも神経を使うべきだと強調したのは、直接対応を迫られる「電話応対」および展示会場の監視スタッフへの事前レクチャーと現場でのケアだった。技術的なことでは、電話は自動応答システムを導入し、妨害電話へのハードルを上げ、全電話の録音、電話番号が把握できるタイプの内線の導入をすることが必須だと指摘した。これは一人で何十、何百回電話をかけている人を特定（威力業務妨害の特定）でき、電話を切るという対応の徹底ができるからだ。

そのためにもリアルタイムでのあらゆる情報の共有が大事であることも話し、さらに警備全般に関しては、何か事件が起きた時に迅速な対応をしてもらえるよう、事前に警察との関係を築くことの重要性を助言した。警察への被害届の出し方までサジェスチョンした。三木さんと私は長年の経験を踏まえ、可能な限りの助言をし、協力を申し出た。

前述のように二〇一五年展では事前に警察との関係を築き、万が一の時には飛んできてもらえるという安心感があったので、のちに「テロファクス」が来た際に、警察が迅速に動いてくれず、「名古屋の警察はのんびりしている」（津田監督）などと聞いた時には本当に驚いた。

この日、県側と津田監督から正式に三木さんに警備要員としての参加要請があった。三木さんは初日から最初の土日まで、以降は土日に現地での警備を快諾してくださった。

パネル展示、SNS投稿禁止で二転三転

六月一四日、津田監督からメールで、「先日ついに知事にトリエンナーレ推進室からレクをした」と連絡があった。津田監督によると、大村知事は、不自由展の企画趣旨は面白い、やる意義も大きいと評価した一方で、「慰安婦像《ママ》」の作品については、右翼を刺激することは間違いなく、

街宣車や、会場で暴れる右翼が出てきてせっかくの祝祭的なイベントの雰囲気が壊されてしまう懸念がある。したがって知事は、安全確保の観点から「少女像」は実物展示ではなく資料展示にできないか、また、写真撮影禁止にできないかとの意見を述べた、という。

津田監督は「自分は、慰安婦像は実物を展示すべき」と考えるが、「落としどころとして、慰安婦像はそのまま会場に展示するが不自由展のエリアの撮影を禁止する」という対応を提案してきた。六月二〇日夜に大村知事から会食に誘われているので、一九日までに不自由展委員会の意見をまとめてほしいと言った。

国際芸術展では写真撮影フリーとするのが一般的で、あいトリでも一部映像作品以外は写真撮影自由である。その中で不自由展のスペースだけが写真撮影禁止というのは、形を変えた検閲にあたるという懸念があった。不自由展委員会としては、原則通り写真撮影を自由にすべきと回答した。併せて、警備や安全確保については二〇一五年展を含む二〇一二年からのノウハウがあるので、事前に十分に議論をして万全の対策をとりましょうと警備マニュアルを添えて伝えた。

六月二一日、津田監督より知事との会食の報告メールで「このままの企画で進めることにＯＫをもらえました」「企画趣旨と、写真を撮影ＯＫにすることの意味についてもご理解いただけたと思います。また、告知を前日に変更したことも説得の材料になりました」とあった。安心した私たちは、保留していた作品輸送などを進めた。

ところが、それは覆された。

最後の最後になって、大村知事は、再度「現物展示なしのパネル展示」案を出し、最終的に津田監督は「ＳＮＳ投稿禁止」を発案した。私たちは反対したが、輸送も始まる中で現物展示を守ることを優先し、作家の同意を得ることを前提に不本意ながら「ＳＮＳ投稿禁止」を受け入れた。ただし、あいトリとして実施してほしいと要望した。しかし大村知事は三者（あいトリ実行委員会、芸術監督、不自由展委員会）の合意にこだわり、しかも不自由展の挨拶文とまったく同じ大きさのパネルを入口に目立つように貼ることを条件としてきた。これをのまないと《平和の少女像》が展示できなくなると言われ、結局私たちは受け入れざるをえなくなった。

その代わり津田監督自ら作家に説明し説得することを約束した。こうしてあいトリで唯一「ＳＮＳ投稿禁止」の貼り紙が貼られ、その後、作家などから批判を受けることになる。

そして開幕前夜、知人たちと食事をしていた私に、津田監督から電話があった。参加作家のChim↑Pomがこれに納得できず、「ＳＮＳ投稿推奨」マークを自身の解説パネルに落書きするという。津田監督は彼を説得できず「黙認」するので、私にも黙認し実行委員を説得してほしいと言ってきた。監督の責任で説得すると約束していた本人が黙認し、しかもそれを私や不自由展委員会に求めることに私は抗議し、拒否した。

翌日、Chim↑Pomの落書きを見た安世鴻さんとキム夫妻がこれに連帯し「ＳＮＳ投稿推奨」マークを撮影し貼り付けるという事態になり、現場に混乱が生じた。当初判治室長は不自由展委員会の意向だと疑っていたが、津田監督自らが招いたことであると説明したら困っていた。そこで現場の監視スタッフの負担を考えた私たちは、安さんとキム夫妻に推奨マークを剝がすようお願いする羽目になった。キム夫妻はそもそも「ＳＮＳ投稿禁止」にも納得できていないところへ若い世代のアーティストが意思表示していることに連帯しなければと思ったという。それを聞いた私は申し訳なく恥ずかしく胸が詰まった。翌日 Chim↑Pom も剝がした。

あいトリの開始

（１）開始まで

七月二九日、開幕に先立って私は名古屋入りし、《平和の少女像》の設置作業、担当作品の補助パネル、資料コーナーの準備をした。

私は今回キム夫妻に懇願したことがあった。二〇一五年展ではなかった台座の設置である。そこには「ハルモニ（おばあさん）になった影」があり、これはこの作品の欠かせない部分なのだ。彫刻の姿は少女の形象だが、その影はハルモニの影になっている。長い間、抑えてきた痛みのかけらと破片が積もり積もって長い時間をつくりあげ、ついにハルモニの影に変わった。この影を通して、加害者の謝罪と賠償を受けられずに過ごしてきた歳月、ハルモニたちの怨みと恨《ハン》がこもった時間を表現している。このように《平和の少女像》には細部に込められた一二の象徴があり、その解説も工夫して展示したかったが、予算と時間のなさから対応してもらえず、読みにくい小さな字のパネルを貼るのが精一杯だった。

実は、私たちは準備段階からキュレーターによる展示作業の立会いや協力を再三求めてきた。作品そのものに加え、作品にまつわる「事件」や背景をどう立体的に見せるのか、国際芸術展だけに期待もしていた。しかしそうした共同作業は叶わなかった。ようやく当日、美術館の学芸員が協力してくれたが、展示全体のコンセプトが共有されておらず、時間も準備もない中ではどうにもならなかった。

解説パネルについても一言言及しておく。あいトリ全体では解説文は無記名だが、不自由展のみ記名となる。これも右翼対策の一部と言える。

「本作の作品名は《平和の少女像》（正式名称「平和の碑」）。「慰安婦像」ではない」から始まる解説文の出だしを私は随分前から決めていた。日本では二〇一七年二月、外務省が「少女像」の呼称を「慰安婦像」に統一する方針を決めた。「「慰安婦」が少女ばかりだったような印象を与える」などの意見が自民党で相次いでいたことを受けたものとされる。しかし、朝鮮人「慰安婦」は植民地支配を背景として過半数が一〇代の女性だったことは歴史研究で実証されている（金富子「朝鮮人「慰安婦」はなぜ少女が多かったのか？」『〈平和の少女像〉はなぜ座り続けるのか』世織書房、二〇一六年）。

その後、日本のマスコミは「慰安婦像」と書くようになった。作品選定会議中も津田監督も「慰安婦像」と言い続けるのを聞いて、この一文から始めようと決めた。作品名も作品である。今回の展示中止事件で、再び《平和の少女像》という名称をどのメディアも使わざるをえなくなったことは皮肉である。

（２）七月三一日の出来事

七月三一日は開幕の前日で、日中はプレスと関係者の内覧があった。一六時からは、津田監督が不自由展に《平和の少女像》が含まれていることを記者発表した。この日の夜、私は、初日の警備体制が心配で、関係者の顔合わせとミーティングをした方がいいと、津田監督と事務局に連絡した。翌日九時に八階の不自由展前に集合となった。

（３）八月一日の出来事

八月一日九時、不自由展委員会から私と小倉さんと三木さん、あいトリ事務局側から判治室長ほか数名が集合した。私は監視スタッフや警備員との顔合わせも必要なのにと疑問に思った。

不自由展の三人は展示会場を見守りつつ、私は特に通訳も兼ねて韓国メディアの取材対応に追われた。会場は大きな混乱はなく、たくさんの観客が作品を見ていた。たまに歴史修正主義的なことを言う人がいても、私たちやスタッフ、あるいは観客の方がうまく対応して混乱には至らなかった。一方でネット上を中心に、特に「少女像」の展示について攻撃する書き込みが相次ぐようになったと聞いた。

県側の要請で、午後一〇時から午前二時頃まで会議が開かれた。津田監督、あいトリ事務局から、判治室長ほか三名に加え、津田監督の会社の社員で事務局補佐と紹介された女性スタッフ、不自由展委員会から私、岩崎さん、小倉さん、永田さんと三木さんが参加。津田監督が相談していた弁護士も同席した。

抗議電話の応対職員の実情と、職員らが疲弊しているとの報告があり、その対策について延々話し合った。私たちは再三「疲弊している職員を休ませてほしい」と言ったが、県側は予算や手続き問題を理由に、交代させることはできないと繰り返した。私たちが代わりに電話応対すると言っても応じず、「公務員だから名乗らなければならず、自分から電話を切ることができない」と説明された。また、私たちが当初から提案していた録音機能やナンバーディスプレイが一部の電話で不可能であることもわかった。

なお、電話応対の職員からのヒヤリングを事務局補佐と紹介された女性スタッフが行っていることにも不安を覚えた。彼女がカウンセリングなどの専門性を持っているのか明らかでなく、専門職以外の対応では、かえって悪影響があるのではないかと危惧された。

河村名古屋市長の視察

(4) 八月二日の出来事

この日も展示場は大きな混乱はなかった。確かに《平和の少女像》に向かって侮蔑的で攻撃的な言葉を発した人もいた。しかし、毎日警備をしていた私たちが対応する前に、別の観客が「歴史をちゃんと受け止めようよ」「芸術作品なのだから静かに見ようよ」と言うなど、感動的な場面が日に日に増えていた。私はこれこそが〈表現の伝達と交流の場〉だと思った。こんな場が七五日の会期中ずっと続いていたらと思うと、本当に残念でならない。

ネットで騒がれ始めていた大浦信行さんの映像作品を動画撮影する人が立ち止まるため、通行しにくくなっていたが、職員や三木さんがなんとか誘導していた。二〇分という作品をフルで録画する人が少なくなかったので、私は、著作権保護の観点からフル録画禁止の措置について大浦さんの了解を得て津田監督に伝えたが、いま変更すると炎上につながるとして採用されなかった。

一二時すぎ、河村たかし名古屋市長(あいトリ実行委員会会長代行)が記者を引き連れて不自由展の現場を視察に来た。河村市長は、視察後、会場外でのぶらさがり取材の中で、「日本人の、国民の心を踏みにじるものだ。即刻中止にしていただきたい」とし、《平和の少女像》の展示中止と撤去を要請すると発言した。作品を視察した上で県知事に展示中止を申し入れるとした河村市長の発言は、作品内容に踏み込んだ明らかな政治的圧力であり、自由権規約(国際人権規約)の法的義務違反、表現の自由への侵害だ。

ここで見逃してはならないのは、日本軍「慰安婦」について「そもそも事実でないという説も非常に強い」「強制連行の証拠はない」、さらに八月五日記者会見での「強制連行し、アジア各地の女性を連れ去ったというのは事実と違う」との河村市長の発言である。

これについて、直後に開かれた津田監督の会見でも、またマスコミ報道でも即座に批判していないことは、深刻な問題である(毎日新聞が「「慰安婦問題はデマ」というデマを考える 「歴史修正」が日本おとしめる」と題して、「慰安婦」問題研究の第一人者・吉見義明中央大学名誉教授のインタビューを掲載したことは特筆に値する。ただし九月一三日の記事であり、直後ではなかったのが残念だ)。

一九九三年八月の「河野談話」は、「慰安婦」問題に対する日本軍の関与と強制を認めた公式見解である。重要なのは、現在も日本政府が河野談話を継承し、否定していないことである。河村発言のような日本軍「慰安婦」制度を正当化するような言説をしっかり批判・否定できなかったことは、歴史修正主義言説に基づく電凸の後押しとなっただろう。現に、「再開」後も本人は座り込みのパフォーマンスで同じことを語り、SNS上の歴史修正主義言説になんら変化はない。電凸対策は、事後だけでなく、排外主義や歴史修正主義による悪意の電凸の根を断ち切ることなのである。

河村発言を受ける形で五時すぎから急遽、津田監督が会見を開き、私と岩崎さんが参加した。この時点で、津田監督は、不自由展をめぐって抗議が多数届いていることを説明しながら、「今後の展示の変更については、三者(知事、津田監督、不自由展委員会)と協議して決めていく」と明言した。河村発言を検閲に当たると批判しながらも、それ以上中身に踏み込んだ批判はなかった。

大村知事にも同様の問題がある。河村発言について、三日の時点では「コメントはない」と言うにとどまり、中止決定した二日後になってから憲法違反だと批判したのである。あいトリへの文化庁補助金支出の見直しに言及した菅義偉官房長官の発言(八月二日)にもノーコメントだった。

戦争と性暴力のない、女性の人権と尊厳の回復を願う芸術作品である《平和の少女像》が、歴史修正主義言説に基づく政治的圧力と理不尽な攻撃で消されそうだったこの時こそ、芸術祭の目玉としてジェンダー平等を掲げた津田監督と大村知事は、その視点からも明確に批判すべきだった。

ところで、この日の昼頃、不自由展場内メディア撮影取材禁止という内容の出処不明の文書がプレスルームで配布された。不自由展委員会には事前も事後も連絡がなく、津田監督に抗議した。

決定として告げられた中止

(5) 八月二日夜の会議

八月二日の深夜、知事と面談していた津田監督と判治室長を待って、会議が始まったのは、一一時半を回っていた。私と岩崎さん、小倉さん、三木さんが参加し、永田さんとアライさんはシグナルというアプリで参加した。津田監督が相談していた弁護士も同席した。

津田監督は、「これは決定」と前置きし、明日(八月三日)午前一一時から大村知事が会見で中止を発表、続けて自分が会見する。「みなさんは別途声明を出すなり、記者会見をしていただいて結構です。僕に止める権利もない。ただ時間だけ揃えてほしい。一一時以降に」と言った。

私の心臓はバクバクしはじめた。

津田監督は、ついさっきの記者会見で「今後の展示の変更については私たち不自由展実行委と協議して決める」と発言して、それを信じていたのに、私たちに何の相談もなく中止を宣告したからだ。私たちは双方が「疑義があれば誠実に協議する」という契約書の内容も無視したやり方に強く抗議し、さまざまな対策や拙速すぎる中止決定のリスクについても、次々と指摘した。

「明日で不自由展を終了」の理由として、津田監督は、電話対応による職員の疲弊のほかに、協賛の何社かが降りたら赤字が深刻、文化庁の補助金が出なくなるかもしれない、日本人コレクターが作品を取り下げるかもしれないなどをあげ、知事が「諸般の事情を総合的に判断」したと言った。補助金不交付の決定は九月二六日だが、八月二日の時点で言及されていた。中止判断に関係していたとすれば検閲に当たるのではないか。

「騒ぎになって目的は達した」

さらに、津田監督の次の発言に、必死でメモを取っていた私の手は震えた。

「これだけの騒ぎになって、トレンドになって全国ニュースに流れている。議論を喚起する（不自由展の）目的はある程度達した」と、知事とのやりとりを引いた。

津田監督には不自由展が真に目指していたもの、コンセプトが共有されていなかったのだ。不当な攻撃により表現を奪われたものたちの表現の場・機会を作るということが共有されていなかったからこそ、彼は、作家に事前の説明・相談もせずに中止を決めることができたのだと思った。

さらに津田監督は五日に次のような書き込みをしている。「みんな表現の自由の話をしている。こんなこと初めてだ。映画の中にいるみたい」（津田大介氏の二〇一九年八月五日付Facebookより。傍点筆者）。作家に説明もせずに中止し、まだ釈明も謝罪もしない段階の言葉とは思えない。のちにキム夫妻は「作品が監獄の中にいるよう」と表現している。

安全対策では「もう万策は尽きた」という津田監督に対し、小倉さんや三木さんは「知事の権限をフルに活用したのか」と問い、電話線を抜くことや疲弊している職員をまず休ませることを繰り返し要請した（実際、翌日電話線を抜き平穏になった）。また人員の補充や交代も何度も指摘したが、予算がない、手続きに時間がかかるから不可能だと、断言したのは県側だった（しかし、のちに九月二五日の知事会見では電凸への対応は当然県費で賄うと発言した）。

やりとりの中で新たに判明したこともあった。私たちが五月から指摘・助言していた、電話応対する人への事前のレクチャーとケアを実施していなかったのである。また、前日に断言していた「公務員だから名乗らなければならない」「暴力的な電話も切れない」という点も慣習にすぎないことがわかった。できることはまだあった。

この日（八月二日）の朝、あいトリ事務局に「ガソリン持っておじゃまする」という内容のファクスが届いたという報告も判治室長から受けた。しかし判治室長は「いたずらファクス」という表現を使っており、この時点では、このファクスが展示を中止しなければならないほどの深刻なものとは受け止められていなかったことを示している。

拙速すぎる中止決定によるリスク対策ができていないものが多く、私たちは中止という通告をその場で受け入れることはできなかった。必死の思いでともに闘おうと津田監督を説得した。話し合いは夜中の二時半頃まで続き、私たちの熱意に負けたのか、津田監督は、「一度持ち帰って検討する」ことを約束した。私たちはかすかな希望を繋いだのだった。

(6) 八月三日の出来事

八月三日、私たちは、津田監督と大村知事との話し合いの結果を待っていた。午後二時四七分頃から、午後三時三七分頃まで、津田監督はシグナルを使ってメッセージを送ってきた。私たちは警備をしつつ、津田監督を通して大村知事に中止を思いとどまってほしいという意向を伝え続けた。しかし、私たちの思いは届かず、午後三時三七分に以下のメッセージが津田監督から届き、中止の結論は動かないものとなってしまった。

知事にあげた要望の回答です。要旨は下記です。
・展示は今日の一八時をもって終了
・中途半端なことをやっても止まらないので今回はこの判断にせざるを得ない。遮断しないとずっと続き、エスカレートする一方。
・作家に説明をしないで中止することの問題は理解するが、多数のアーティストが参加する企画展ですべてのアーティストの意向を確認していたら時間が経過してしまう。その間の安全確保ができない。
・ご不満もあるかもしれないが、これで収めていただけないか。そうでないとここまでバッシングが過熱したこの状況を遮断できない。撤去やアーティストの意向の確認がすぐにできないことは理解するので、すぐに会場からの撤去などを求めるつもりはない。

その後、大村知事は夕方五時からの記者会見で、不自由展中止を一方的に発表した。私たちは、知事会見の時間と場所を津田監督に尋ねていたが、不明だと教えてもらえず、続く六時頃からの津田会見への出席も拒まれた。

不自由展委員会が会見をする場所もなかなか貸してもらえず、津田会見が大幅に時間オーバーした上に、記者たちに不自由展内を撮影させたためさらに四〇分ほど待たされた。そのため、当事者である私たちの会見は夜八時過ぎからとなり、しかもあいトリ側から四〇分で終了するようにと急かされ、ぶら下がり取材に応じる時間も奪われた。津田監督の会見には出席を拒まれたが、彼が参加したいと来場したので、私たちはもちろん許可した。

こうした不自由展委員会の発言の場を奪うような行為は、会期終了まで続くことになる。

会見に先立ち、私たちは一方的中止に対する抗議文（六五頁参照）を公表し、不自由展委員会にも作家にも事前に説明も協議もせず、一方的な中止決定を「戦後最大の検閲事件」として強く抗議し、展示継続を求めた。また唯一の中止理由とされる「安全対策」について、事前に県側に協力して助言してきた方策の中には実施されていなかったことがあると指摘し、まだできることはあると訴えた。

私たちは、津田監督から依頼されて引き受けた仕事でどうしてここまでされるのか、まったく理解できず、怒りと悲しみでいっぱいだった。

会見後、何より作品が撤去されるのではないかと心配だった私たちは、不自由展会場に向かった。今後、展示作品を守るため、保全活動について、あいトリ事務局と粘り強い交渉をし、午後一一時すぎに覚書を交わし、翌日から関東〜名古屋を往復しながら交代での作品保全活動が始まった。帰り際、職員たちが三m近い大きな壁を、遠くの方からゴロゴロと引きずってきた。

こうして、「表現の不自由展・その後」は「中止」に追い込まれた。

第2部　再開へ向けて

相次ぐ抗議、ボイコット

突然の不自由展中止が発表されてから、作家や市民から、理不尽な攻撃や脅迫への抗議と再開を求める声が同時多発的に上がった。それは日本を超え世界に広がっていった。

キム夫妻は八月二日に帰国予定だったが帰国を延ばし、私たちが駆けずりまわる中、刻々と変わる状況を見守りながら、心配し怒り失望していた。

あいトリ参加作家のうち、海外からの反応が素早かった。八月三日には河村市長の暴言を聞いたイム・ミヌクさんから、どれだけ暴力的な状況か、あらためて不自由展を企画した意図を理解した、ともに動くので必ず声をあげて下さい、という連帯メッセージが届き、私は力を得、身が引き締まる思いだった。四日には、メキシコのフェミニズム・アートの先駆者モニカ・メイヤーさんは「少女像」への検閲に抗議し「表現の不自由展像」になってみる、というアクションをSNS上で始め、世界に共感を広げた。その後八月六日、韓国の二作家イム・ミヌクとパク・チャンキョンは抗議の意味で作品を封印した。日本と海外作家七二名が共同ステートメントを発表、一時帰国していた安世鴻さんが急遽戻ってきた。この時、津田監督が安さんと話したいと展示会場に来て、「中止決定前に作家に許可を取らなかったこと、ニコン事件より悪いことをしてしまった」と謝罪したが、安さんはそもそも理不尽な攻撃を防がねばならないのに、展示を中止してしまったことを批判し、いまは謝罪を受け入れることはできないと返答した。

一〇日には米国の非営利報道機関ＣＩＲ（調査報道センター）の展示辞退が明らかとなった（表明は数日前だったと後で聞いた）。一二日は海外作家一一組が「許容し難い検閲行為」と「理不尽な威嚇」に屈した主催者の決定に抗議し、検閲された不自由展出品作家との連帯として、不自由展再開まで作品展示の一時中止を宣言した。

その中には、ジェンダー平等を掲げる今回のあいトリの重要人物であるキュレーターのペドロ・レイエスと作家モニカ・メイヤーも含まれる。最終的には展示ボイコットや内容変更、声明文掲示は日本人作家二名も加わり、九月三〇日時点で作家一五組にまで広がった。

抗議声明も、国際人権団体アムネスティ、国際美術館会議をはじめ、芸術家、ジャーナリスト、弁護士会、女性団体など、筆者が知るだけでも五〇を超える団体が表明し、日本での署名活動は三万筆を超えた。現地名古屋では「愛知県民の会」などが会場である芸術文化センター前で毎朝抗議スタンディングを始め会期終了まで続けた。日本各地、韓国で集会やシンポジウムが開催され、現在も続いている。また、不自由展委員会には内外から展示開催の要望や問い合わせが届いた。

こうした動きの中で際立っていたのが、海外作家の不自由展中止事態を検閲と捉えているのに対し、津田監督や多くの日本人作家は検閲とは捉えていないことだった。

イム・ミヌクさんは作品を封鎖した壁に「検閲は、違法な行為です。にも関《ママ》わらず、「表現の不自由展・その後」は撤去されてしまいました。私はこの決定に抗議の意を込めて、私の作品から見られる機会を自ら剝奪します」から始まるステートメント(一四九〜一五〇頁)を掲示した。

ところが、その約三〇分後にその隣にあいトリ実行委員会のステートメントが貼られているのを発見した。「検閲ではなく、来場者の皆様に安心安全にトリエンナーレを楽しんでいただくための措置でした」と書かれていた(数日後、こちらは剝がされた)。モニカ・メイヤーさんも「私は、作品が検閲されている仲間のそばにいます。」というステートメント(一五〇〜一五一頁)を掲示している。

八月一二日には海外・日本の作家・関係者の討論会が行われた。日本人作家から、不自由展委員会はアーティストではない、「過激派」と言われ、私たちはオブザーバー参加となった。ここでも「検閲」をめぐって海外と日本の認識の落差が浮き彫りになった(もちろん個人差はある)。

ある海外作家の言葉が印象的だった。「日本の人たちの頭の中にはポリスがいるのではないか。それを前提にした「安全・安心」ではないか」と、日本社会の「自粛」状況を言い当てていた。この日も津田監督は終始、中止はセキュリティ問題であり、検閲ではないと繰り返した。このことが、翌日の海外作家の大量ボイコットの最後の決定打になったと聞いた。

再開の協議を求め続ける

一方、私たち不自由展委員会は、八月六日、あいトリ実行委員会会長である大村知事宛の「「表現の不自由展その後」中止に関する公開質問状」を県庁に提出し、記者会見を行った。正式な文書での中止の通告と、その理由の明示を再度求めた。質問内容は「テロ予告」への刑事告訴を実施したのか？ など七項目にわたる。

八月二日に届いたファクスについては、八月六日に威力業務妨害があったとして東警察署に被害届を提出し、翌七日に逮捕された。「テロ予告」とまで言い、展示中止の大きな要因としたファクスに対し、なぜ四日後まで被害届が提出されなかったのか、中止決定前に被害届を出していなかったのか、未だに謎である。深夜会議で「いたずらファクス」と表現した判治室長の発言も引っかかる。のちに、一〇月二九日の初公判で、被告があいトリに謝罪文を出していることがわかった。最大の被害者の一人として、再発防止のための分析に必要であると提示を要請したが、拒否された。なんと、あいトリ事務局が受領したのは八月二七日だという。あれだけ恐怖を煽っておいて、その顛末の情報を公表しないのは不誠実ではないだろうか。

八月一二日、展示再開の前提として大村会長との協議を申し入れた。以降、継続的に協議を求めたが叶わず、最後の手段の仮処分で再開させるには、最短でもひと月を要する。その期限が刻々と迫っていた。

八月二五日、《平和の少女像》の作家キム・ソギョン、キム・ウンソン夫妻が中止以来初めて、不自由展会場に入った。実に二二日ぶりのことである。

二人は入ってまっすぐ少女像へ向かった。「作品たちは監獄に閉じ込められているよう……静かですね。人々と会って意思疎通したいのに」と言ったきり、少女の手を握り、頭を撫で、肩から背中をやさしくさする。それ以上耐えられなくなったように、こみ上げるものをこらえながら会場を歩き出し、封鎖された壁を内側から見つめる。「こんなこと……」とソギョンさん。

「膝の上の手を見て。たくさんの観客の人がここに座って、手を握ってくれたから色がなくなっている。今度来るときにきれいにしてあげなくちゃ」。

「真実を見せないようにすることが悲しい。こんなに静かに、ここに居るだけなのに、真っ暗な中に閉じ込められて……真っ暗な時代を生きてきたハルモニたちのためにも、早く人々と会い、意思疎通をして歴史を伝えたい。《平和の少女像》の一番大事なことは「共感」。ハルモニたちが夢みた世界はどんなものなのか、感じてもらいたい。不安の中で生きてきたハルモニたちの人生を表す浮いた踵をいつか地面に下ろし、微笑む平和の少女像を作りたい」とソギョンさん。

ウンソンさんは「不自由展には少女像だけでなく憲法9条、天皇、米軍基地、強制労働などを扱った作品があります。こうした真実を隠したいんだなあ。本当に怖いんだなあと感じます」と言う。二人は前日に津田監督と面談したが、検閲ではないと繰り返し言われ、公開フォーラムを開催し、「最善を尽くした」という結論だけで、展示の再開はできないのではないかという不安は消えなかったと語った。

この日、あいトリの若手日本人の出品作家たちとの会合に私と永田さんが参加した。不自由展出品作家も何組か参加した。主な議題は再開のために何ができるかということだった。私が遅れて参加した時は「安全対策」の議論中だった。脅迫によって中止させられた展示の再開を話す場で、あいトリの作家の中から、不自由展のキュレーションが悪いという発言が出たことにはショックを受けた。攻撃や脅迫の大半は展示を見ていない人からのものだ。私は、「中止とキュレーションの良し悪しに関係があるのか？　それこそ検閲に当たる」と発言した。同席していたキム夫妻、安世鴻さん、大浦さんもこの発言には非常に驚き、批判していた。

その後も中止事件の本質ではなく、「不自由展にキュレーションが存在しない」と批判する日本人作家の発言にも悩まされた。その「批判」は、後述する検証委の中間報告案が「キュレーションの不在」に論点をシフトさせたこととも見事に符合した。キュレーションについては、のちに私たちは仮処分の中で、アライ＝ヒロユキさんによる陳述書を提出した（六四頁資料参照）。

「あいちトリエンナーレのあり方検証委員会」を検証する

八月九日、大村知事は「あいちトリエンナーレのあり方検証委員会」（「検証委」）の立ち上げを発表した。報道によると、不自由展中止問題を受けて設置されたとのことで、第一回（八月一六日）、第二回（九月一七日）、第三回（九月二五日）を経て中間報告案を発表した。

この検証委への疑義を整理しておきたい。

① 検証委の人選について

最初の疑問は、人選の根拠が不明な点。不自由展中止が安全確保のためと発表されていることからみてクレーム対応や危機管理の専門家が含まれていないことは大いに疑問である。

山梨俊夫国立国際美術館長を座長とし、上山信一慶應義塾大学教授(副座長)、岩渕潤子青山学院大学客員教授、金井直信州大学教授、太下義之・文化政策研究者、曽我部真裕京都大学教授の六名が委員を務める。のちに検証委がヒヤリングをする「有識者」には、木村幹神戸大学教授、木村草太首都大学東京教授、三浦瑠麗山猫総合研究所代表の三氏が選ばれた。

有識者の人選について岩渕氏はこう語っている。

「ツイッターなどでは、「パヨク大村」「検証委員会もパヨク」みたいなことを言われている。だから、検証委員会でヒアリングをする対象として、世間から見て絶対に左ではない人を何人か入れたいと個人的には提案した」(『ニューズウィーク日本版』二〇一九年一〇月一一日)

その後、閉鎖中の不自由展を見た三浦氏がツイッターに作品内容に踏み込んだ感想を書き、批判を浴びた。そもそも公正さを求められる検証委がこうした行為を黙認していることが問題である(中止後の不自由展は、あいトリ事務局との協議により、不自由展実行委員と出品作家以外の鑑賞については両者の協議によって判断していた。検証委には視察を認めたが、ヒヤリング有識者の話は聞いていなかった)。

中間報告案では、「少女像」や「慰安婦」問題についての誤認も目につく。求められるのは

「世間から見て絶対に左ではない人」よりも、専門的知識を要する部分については明確な根拠を提示した検証ができる人選ではないだろうか。

② 作品内容への介入

八月一六日の第一回委員会では、委員から、展示内容について、「一般の人が準備なく見に来ると、プロパガンダと感じてしまうのも否定できない」との発言があった旨が報道されている。不自由展委員会では、これは展示内容に踏み込んだ判断ではないか、検閲に当たるのではないかなどの公開質問状を出した（八月二〇日付）。それに対し大村知事は「検証の内容につきましては、検証委員会の委員の先生方にお任せしております」と回答してきた（八月二七日付）。

ところが、懸念されたことが起きた。上山副座長は八月三一日、個人のツイッターに「不自由展は、少女像を置いただけで、政治プロパガンダと見られ、さらに他作品と合わせてサヨク的企画と見られるリスクは明らかだった」などと発信した。これは展示の表現内容を「サヨク的」かどうか、という観点から評価しようとしており、表現内容に踏み込んでいる。

また、副座長が検証内容を安易にツイッターで開示していることも含め、疑義を唱えた。これに対し、大村知事は「検証の内容につきましては、検証委員会の委員の先生方にお任せしております」と繰り返し、「先生方に直接ご確認いただければと存じます」と回答した（九月七日付）。検証委の「ヒアリングが展示内容の評価に踏み込むような検閲の要素が濃いものであるという疑念」に対し正面から誠実に応えたものとはいえず、私たちは再度、大村知事と検証委の回答を求めた。両者ともになんら回答はなかった。

ちなみに上山副座長は九月二五日の中間報告案発表の際、「電凸を県のＨＰに展示してはどうか」と発言をした。電凸の言葉の暴力に傷ついた人たちを二度傷つけるありえない発言だ。

③ 検証委「アンケート」の問題点

九月初旬、検証委は、出品作家向け（不自由展を含むあいトリ全体）と、ウェブサイトからの応募形式になっている一般市民向けの二種類のアンケートを実施した。基本的に内容はほぼ同じだ。私たちは作家からの連絡でその存在を知り、直ちにアンケートに対する抗議、撤回要求を大村会長と検証委宛に提出した（九月一〇日付）。

アンケートでは展示に関して、企画の趣旨、展示方法、作品の選定、三日間での中止事態、今後の展示のあり方、などを評価するかたちになっている。問題点として以下の三つを指摘した。
(1) 会期中の「表現の不自由展・その後」への評価集計は、そのまま展示への圧力に直結する
(2) 美術展示は必ずしも大衆性を持つとは限らず、定量調査による評価は多様性を損ねる
(3) 出品作家の意識収集は思想調査に等しい
さらなる問題は「あなたは、公立美術館が、思想や知識も含めて、自由に展示することについて、どのようにお考えですか」という設問だ。表現の自由は民主主義社会の根幹をなすもので、自明とすべき原理である。この設問はその原理を損ねるような見解を誘導している。

検証委からはアンケート撤回要求について、「検証に必要な作業」とし、「ご指摘の事項は作業

上留意すべきポイントと、もとより認識して」いると回答してきた（九月二〇日付）。

④　中止理由の論点ずらし

大村知事も津田監督も展示中止の理由は「安全対策」だと一貫して主張してきた。にもかかわらず検証委はなぜか、不自由展のキュレーションに問題の原因があるかのような結論に導く検証をしていく。ちなみに展示プランには愛知県美術館学芸員が関わっていた。後述するが、最後には、不自由展委員会を外すことを検討している、とまで発言している。

⑤　重要な事実の追加・修正を放置

九月一七日に発表された検証委の「資料1　これまでの調査からわかったこと」について、私たちは九月二日の不自由展委員二名のヒヤリングの中で伝えた重要な事実を追加するよう検証委に申し入れた（九月二一日）。それは、本稿の第1部でも述べたように、不自由展委員会とあいトリ側との契約関係は、まず不自由展委員会は「あいトリ出品作家」であり、具体的な企画・キュレーションなどの業務委託を定めた契約書もあること。さらに五月三〇日にこちらが重要な提言を行った警備会議のこと、「少女像」や「慰安婦」問題に関する誤認などである。しかし、結局九月二五日発表の中間報告案には、何一つ反映されなかった。その後、一〇月に入り、検証委より最終案をまとめるにあたって修正部分の依頼があり、検証委が報告書に反映しない点については、別冊資料として出すことを約束している。ここまで修正が遅れたのは、契約関係が仮処分の主要な争点だったからではないかと推測される。

〝不自由展委員会を外す〟という「条件つき再開」

その後も不自由展委員会は、たびたび発言の機会を奪われる。

検証委は「出展作家や参加者を交えた自由な対話を通じ、今後の検証作業の参考とするため」「〝『表現の不自由展・その後』について考える〟をテーマとした国内フォーラム」を九月二一日に開催することを発表した。県HPには、出席者は「あいちトリエンナーレのあり方検証委員会委員、出展作家、芸術監督 等」と明記されていた。しかし当事者である不自由展委員会は招待すらされていなかったのである。当事者を排除されたかたちで議論される「『表現の不自由展・その後』について考える」フォーラムとは、一体どういうものであろうか。さらに、不自由展参加作家の中でも招待を受けていない作家もいた。待遇の違いは何に起因するのか。私たちはこの差別待遇に対し、抗議文を大村会長及び検証委に送った（九月二〇日付）。

その一方、私と小倉さんは定員一〇〇名の一般参加枠に応募したが「抽選」に外れたようだ。しかし私はフリーランスの記者としても取材申請をしておいた。それはさすがに拒否されず、九月二一日当日、メディア受付デスクに向かった。すると、プレスカードとともに驚くべき文書が取材者宛に配布されていた。「検証委員会による検証・調査、インタビュー等の対象となる方々」が「記者として取材を行う場合は、公正かつ中立的な検証の妨げとなる可能性があるため、発言は認めないものとします」「記者会見への出席はできません」と。これはまさに私のことである。記者の知る権利の侵害ではないのか。

この二一日のフォーラムの休憩時間に、山梨座長より、非公式で話したいと持ちかけられ、フォーラムの閉会後、午後五時から私と小倉さんが応じ、金井委員も参加した。

その場で、再開のための条件として、不自由展の主体を変えたいと、二種類の提案がなされた。一つは不自由展委員会が退き、キュレーション・チームと参加作家で展覧会を一から組み立て直すこと。もう一つは、キュレーターが入り解説文や展覧会趣旨文の見直しを含め展覧会を組み直すというものである。さらに、両案とも津田監督は関与しないと強調した。

私は「不自由展委員会が退く」という想像もしていなかった言葉に愕然とした。展示中止は私たちのせいなのかと訊くと、中止理由との因果関係はないと言う。私たちは「再開」にあたって展示の内容を事前に審査するものであり、検閲と言わざるをえない、出品作家である不自由展委員会を退かせるなどは到底受け入れられない、と伝えた。

不思議だったのは約一時間半に及ぶ話の中で、検証委から安全確保の観点から再開は困難という話は出ず、県の方でもだいぶ改善したとの説明を受けたことである。そうすると「安全確保の観点から再開は不可能」という仮処分での主張は事実に反することになる。

九月二五日、第三回検証委で中間報告案の発表の後、検証委の記者会見、知事の記者会見と続いた。私は記者として出席した。

不自由展をめぐる報告書は、その問題点を前述したとおり、その大半が、不自由展の出品作品、展示構成や展示方法の内容を批判するものだった。これは、中止の主な理由とされていたセキュリティが問題の本質ではないことの証左であり、再開にあたって展示の改変を要求していることは「再開前」という意味で事前の検閲、あるいは表現の自由への介入に他ならない。

さらに、検証委の記者会見では、二一日の非公式での打診と同じく不自由展委員会をあいトリから外すことも含めて検討していく、という内容の発言があった。大村会長が再開のための協議をしていくとする一方で、正当な理由なくこうした発言をしていることは参加作家である不自由展委員会への冒瀆である。内外の作家からも条件なしの再開でなければならないという声が寄せられ始めていた。

その後の知事会見では、私は県の広報から入場を拒否された。理由は「仮処分中だから」。それは正当な理由にはならない。入場拒否するなら出版社からの抗議文を提出すると言ったら、しばし待たされたのち一転して入場可能になった。この会見で知事は、この二か月余りの中で初めて「再開」の言葉を口にした。

以降、内外の作家たちをはじめ、水面下でさまざまな人たちが努力を続けていった。私たちも情報共有しながら時々刻々と変わる事態に昼夜を問わず対応していた。

なぜ仮処分申立を決断したのか

作家への連絡と私たちとの協議・合意なく中止されてから、私たちは一貫して展示再開のための協議を大村秀章知事・あいトリ実行委員会会長に求め続けてきた。しかしそれが叶わず、弁護士に相談したところ、あいトリ側が協議を拒絶し続ける限り、仮処分申立しか再開を実現できる可能性はないだろうとの意見だった。ニコン事件でも仮処分決定を経て開催に至ったという前例があった。実行委員会で議論し、裁判所の決定を得るために必要なギリギリのリミットまで努力し、それでもダメなら申し立てることにした。前述したような、あいトリとの間に契約を結んでいる不自由展委員会こそが取りうる現実的な手段であり、参加作家への責任だと思ったからだ。中谷雄二弁護団長にニコン裁判の李春熙弁護士ら総勢一〇名の弁護団となった。

不自由展作家にも事前に説明をしたが、「遅すぎるくらいだ」「支持する」という意見もある一方、少なからず疑問も出た。そこで仮処分という法的手続きは、同時並行して協議を求め続けることができるし、損害賠償や責任追及を目的としないことなどを説明した。

また、申立直前には津田監督から腹を割って話したいと申し入れがあり、実行委員二人が津田事務所に行くと、津田監督が経営する会社ネオローグの顧問弁護士がいて、仮処分をやめるよう「恫喝」(その場にいた実行委員の証言)されたという出来事まであった。

こうして九月一三日の仮処分申立まで、作品の保全活動をしつつ、作家たちとのやりとり、協議申入れ、検証委員会への抗議など公開文書の作成、記者会見、仮処分に向けた膨大な資料収集や記録の整理、陳述書の執筆、取材対応と、私自身の生活も仕事もめちゃくちゃな状態となった。フリーランスの私とアライさんの収入はストップし、実行委員や協働者たちは関東在住のため新幹線・宿泊代だけでも膨大なものとなった。のちにこうしたことを知った名古屋市民の方が宿泊先を提供して下さるなどあたたかな支援をいただき、現場のスタッフやボランティアの方々の中にはそっと応援の言葉をかけてくれる人たちもいて、救われる思いだった。

仮処分の意義と再開合意

九月一三日、私たちは、①本を一度閲覧した（あるいは閲覧された）以上、勝手に処分をすることは表現者の人格的利益を侵害するという船橋市図書館廃棄事件の最高裁判決の一端を根拠に、表現者（不自由展実行委員会）の人格権の侵害の差止請求と、②出品作家（不自由展委員会）としての展示請求権を根拠に、不自由展を塞ぐ壁の撤去と再開命令の仮処分を申し立てた。

あいトリ側の主張は、不自由展委員会とは出品契約は締結しておらず、業務委任契約だけである、展示請求権はない、というものであった。しかし、「不自由展委員会との間で取り交わされた五月八日の出品依頼とそれに対する同意は、出品契約の成立を意味することは明らかで、あいトリの主張は法的な観点からは無理のある主張です。だからこそ、出品依頼と承諾という明らかな出品契約の存在を否定せざるを得なかったのでしょう」と中谷雄二弁護団長は指摘する。これこそが、検証委が五月八日の出品依頼とそれに対する同意の事実をかたくなに記載しなかった本当の理由なのだ。この点は記者会見でも発表したが、報道は一切ない。

また、当初あいトリ側は、展示中止は安全確保上やむをえないもので正当な理由がある、展示中止後もなお来場者などへの危険が続いており再開は不可能である、とも主張していた。

しかし九月二五日の大村知事の記者会見で、「電凸への対策は弁護士とも相談し、専門の回線も設け、一〇分たったら自動で切れるシステムも先週導入した。他部局へかかった電話はとってはいけないとした。一週間経ったが特にトラブルはない。本来あるべき姿になった」とした。私が耳を疑ったのは、「電凸は本来県庁がすること、県費で通常に対応する」と答えたことだ。県費で対応できたのだ！　八月一、二日の会議で、予算がないから警備の改善ができないと断言していた事務局責任者の発言は崩れた。

こうなると、不自由展委員会の助言を含め、県として対策を適切に講じれば、展示の維持・継続は十分に可能であったのではないかという疑いは解けない。

九月一三日申立当日に、裁判所が九月二〇日と二七日の二回の審尋期日を指定したことは、「最初から会期内に決定を出すことを念頭にした訴訟指揮だった」と中谷弁護団長。さらに九月二七日第二回審尋で、裁判所は予定になかった三〇日に審尋期日を入れた。「これが最終的に大村知事を動かしたんです。このままでは裁判所命令が出るぞという圧力となり、もし命令が出てしまえば、大村知事の下した中止の判断が違法ということになる。大村知事としては対抗策を出すしかなくなった」「再開を求める法的権利を明確化したことに意義がある。主文に「壁を撤去せよ」としたのが法的に強制執行できる点で意味があった」と、中谷弁護団長は振り返る。

その結果、九月三〇日審尋当日の朝八時、大村知事より不自由展委員会宛の再開準備の協議を申し入れる文書を受け取ることになる。知事は九時からの記者会見で再開を発表した。協議項目は①警備面での協力 ②事前予約の整理券方式 ③開会時のキュレーションと一貫性を保持する。ただし会場での教育プログラムの実施 ④検証委の中間報告の内容を来場者に伝える、であった。審尋期日当日の朝にあわただしく行われた発表は、なんとしても仮処分決定を避けたいという知事の意向を強く感じさせるものだった。

いよいよ一一時一五分からの仮処分の審尋が始まった。知事からの再開準備の協議の申し入れ文書を裁判官に提示した（なんと、あいトリの代理人は持っていなかった！）。私たちはその場で和解を呼びかけた。ただし、確認事項はあった。慌てたあいトリ側はまた持ち帰る気配を見せたが、裁判官に知事と電話で相談するよう促され、私たちは別室で待たされた。そしてあいトリ側も和解に応じ、以下の三点を確認した上で和解が成立し、和解調書を作成した。

(1) 再開の時期は「六日から八日を想定」ではなく、「前提」とする。

(2) 「開会時のキュレーションと一貫性を保持すること」とは、展示空間内での展示の位置、方法の改善の可能性を含む。具体的には協議中で、不自由展出品作家の了解のもとで行う。

(3) 検証委の中間報告については不自由展委員会としての異議は留保する。

この再開合意で、再開期日を約束させたことと、展示空間とキュレーションを守り抜いたことは大きな成果であった。

大村知事の和解条項違反

九月三〇日に合意した和解を信じ、私たちはキュレーション・チーム（三名）と再開に向けた実務会議を始めた。展示や解説パネルは変えず、作家からの要望によるライティングやモニターの大きさなどを改善したほか、大浦映像作品は観客が立ち止まって狭い通路を塞がぬよう、広いスペースに移動し、著作権保護の観点から動画撮影禁止にしてもらえないか私から相談し、同意していただいた。自由観覧を大事にしたいと要望し、エデュケーションプログラムは一日一回とするなど、順調に進んでいた。

しかし、最後にまた苦難に直面することになる。それは和解条項にはなかった「写真撮影全面禁止」であった。これは開会時のキュレーションとの一貫性にも関わる重要な要件だった。

一〇月五日午後からの国際フォーラム（検証委主催）に、初めて不自由展委員会への登壇依頼があり、アライさんが登壇することになっていた。私はまたプレス席にいたのだが、事前打ち合わせをしているはずのアライさんからたびたびメッセンジャーで連絡が入った。

登壇者を中心とする日本人作家ら、津田監督、キュレーターチーム責任者Ａさん、山梨検証委座長らと会議になっているという。作家から、不自由展委員会が納得のいく条件で再開を確定しないならフォーラムをボイコットし、作品を撤去すると迫った。しかし知事は動かず、さらに山梨座長から、知事との交渉に当たり「少女像の作品はセルフ撮影のみ（知らない人が座っているところを撮らない）、大浦作品動画撮影禁止、ＳＮＳはそのまま禁止」としたいという話が出たという。

アライさんからこの条件について問い合わせがあり、私はフォーラムに参加していたキム夫妻に了解を取るべく走った。キム夫妻はしかたないと了承してくれたが、それでも「知事はうんと言わなかった。撮影の譲歩が不満らしい」とさらに連絡が入った。そこで大村知事を説得するために「写真撮影はスタッフが行い、後日郵送かメールで写真を送る」という案が出たという。

このままでは危ないと思った私は、荷物をまとめて会議室へ向かった。会議室はどんより重い空気で、何を言っても津田監督やAさんは「知事は動かない」と繰り返すばかりだった。私は、それでは直接知事に会わせてほしいと言ったのだが、「政治家だから難しい」という。

私は今度こそ（中止に際してはその機会もなかった）、作家とともにこの困難に立ち向かいたいと、国際フォーラムに参加していた不自由展出品作家に呼びかけ、別室で会議をしたいと提案した。私と小泉さんがそこで七組の作家の意思を確認したところ、「作家にとっては表現の自由への侵害となり、観客の権利も侵害することになる」「作家にも観客にもこんな屈辱的なことを強いられて再開にすがる必要があるのか」「いま隣で進行している国際フォーラムでこの状況を公開して議論すべきだ」などの厳しい意見も出た。

事前に連絡が取れていた二組の作家の作品撤去を示唆する強い意思も含め、「写真撮影全面禁止」にしないよう、半数以上の出品作家の総意として、再び申し入れることになった。ただし、大村知事が強硬だったため、SNS投稿禁止は受け入れ、その担保として一作家から提案のあった「SNS投稿禁止の同意書にサインをもらう」という妥協案をつけることにした。

翌六日、山梨座長から知事回答が出たので協議したいと連絡が入った。不自由展実行委員で名古屋に残っていたのは私一人である。最後の正念場だと思った。私はその協議に不自由展作家四人と警備担当の三木さん、和解条項違反の疑いがあるので中谷弁護士の同席を求めた。あいトリ側はキュレーション・チーム二名が同席。山梨座長は、作家と三木さんの意見を聞き、その後、実行委員の私と弁護士の二人と協議したいと言った。

作家たちは前日同様、「写真撮影全面禁止」に反対し、和解案を守って再開してほしいと思いを述べた。作家らが退席後、山梨座長より、「写真撮影禁止」「カメラ・スマホも手荷物として預ける」「少女像の撮影はスタッフが行い、郵便やメールで送る」などの知事回答が伝えられた。それに対し、私と中谷弁護士は、「和解時になかった条件を後から出すのは信義誠実の原則違反」と指摘し、「写真撮影禁止」は作家及び鑑賞者の表現や見る権利の侵害になる、作家からの強い反対、中止前の展示空間の一貫性も守れない、と反論した。さらにキュレーターからも「写真撮影全面禁止」は逆の世論の反発というリスクが指摘された。結論として、山梨座長は再度知事との交渉を約束した。この場での確認内容は以下の通りである。

①抽選による入場整理 ②五〇名定員を三〇名定員に ③八日は午後二回 ④貴重品以外の手荷物はすべて預ける ⑤金属探知機（ハンディ型）を使う ⑥入室前に、SNS投稿禁止の同意書へのサイン＋身分証明書の提示 ⑦展示室にSNS投稿禁止のパネルを残す ⑧展示室内での監視の強化（具体的には不自由展委員会が毎日張り付く）。

夜九時すぎ、山梨座長から、知事との折り合いがおおむねついたと連絡が入った。ただし八日午後に再開するも試験運用として撮影禁止、九日から禁止解除としたいとのことだった。

制限だらけの再開と報道規制

一〇月八日午後、制限だらけの再開が始まった。観客に不便・不快な思いをさせてしまい、作家にはさらなる妥協を強いるかたちになってしまったことが本当につらかった。

それでも毎日、見守りや作品の説明で会場に詰めていると、たくさんの観客が日本各地や海外から来て、抽選に何度もトライし、撮影許可のため身分証提示や金属探知機という大変な負担にもかかわらず、再開後六日間で一万三二九八人が抽選に参加し、うち一一三三人が観覧した。本当に多くの人が「実際に見ると違う」と言い、会場アンケートの実に七九・六%が「とても良い」「良い」だった。また、二〇一五年展の仲間たちが続々と東京から来て交代で見守りに加わって観客とも対話した。

毎回来場者の約三分の二が《平和の少女像》の隣に座って、みんなそれぞれの表情で写真を撮った。私はシャッターを押すためにしゃがむので太ももはパンパンになったが、それだけ少女像と写真を撮りたい人が多かったということだ。「写真撮影全面禁止」と最後まで闘って本当によかったと思った。再び〈表現の伝達と交流の場〉が戻ってきた。これこそが不自由展のコンセプト、キュレーションの要なのだ。

しかし、ここでまた問題が起きる。「報道規制」である。再開前日、あいトリの広報担当からプレス対応について相談を求められた。プレスに公開するのは当然だと思っていた私は、観客の鑑賞を邪魔しないかたちでのプレス内覧会や交代での会場取材などを提案し、その場では広報のスタッフもその線で進めることで合意した。

ところが、その日の夜遅く、「知事の許可が出ない」という理由で、一転、撮影取材禁止、観客への室内取材禁止となってしまった。一刻も早く報道規制を撤回するよう事務局に要望した。

さらに驚くべきことに、記者から「不自由展委員会は報道規制に合意したのですね」という質問を受けた。ありえないことだと私は経緯を説明し、報道規制には記者自身が闘うべきではないかと言い、同時に不自由展委員会からも正式に報道規制の解除を求める要請書を出した。

さらに、毎日展示会場で何が起きているか報告するため、一〇月九日から毎日、閉館後に囲み取材に応じた。館内は貸してもらえないだろうと、芸術文化センター入口の外で暗い中で行った。

結局、一一日に代表社による取材が許可され、会期終了日閉館後にプレス内覧会が行われた。

報道規制のさなかの一〇月一一日の終礼ミーティングで、津田監督があいトリ全体を「ニコ生」で中継する際、不自由展も撮影したいという意向が伝えられた。津田監督がニコ生で不自由展について軽薄かつ煽情的な発言を放ち、派手に炎上した一件が甦り、頭がクラクラした。また、作家の関係者などのゲスト枠を設けていたが、あるフリーの著名ジャーナリストがあいトリのゲスト枠に上がってきた。しかし、報道規制をしていながらニコ生や特定の記者を入れようとするのは不公正な行為であると、私たちは異議を唱え実施には至らなかった。

最後の最後に起きた苦いやりとりについて触れておきたい。一〇月一三日、キム夫妻が「表現の不自由展の現在」と題したステートメントを掲示したいと言ってきた。私は現場のスタッフに確認をとり、展示会場入口付近に貼らせてもらった。しかし、キュレーション・チームとの確認を取らなかったために、事務局に混乱を生じさせてしまい、その点はお詫びした。キュレーターらから内容について強い反発が起き、あるキュレーターからは作家へのリスペクトがなくなったので、会場で作家が挨拶する際、自分は紹介できないと言われ、以降、私がした。なぜ掲示できないのかについては作家との話し合いが必要だった。私はまずソギョンさんに私のミスを詫びつつ、一旦剥がすことを了承してもらった。その上でキュレーション・チームと話し合おうとしたが、結局時間切れで叶わなかった。最終日までソギョンさんからなぜ貼らないのかと問われ、謝るしかなく、納得できない表情のままのソギョンさんを韓国へ見送るしかなかった。ここで詳細を論じられないが記録しておく。なお、貼られなかったステートメントは不自由展の公式ＨＰに掲載した。

双方向の「表現の伝達と交流の場」のために

「表現の不自由展・その後」中止事件は、大きな課題を残した。私たちは会期最終日に記者会見で発表したステートメントで以下の七点をあげた（この記者会見も会場を貸してもらえず、前日深夜まで苦労した)。

(1)県と作家との二重契約など展示企画の環境におけるいびつさ (2)展示中止の決定とその状態が二か月も続いたこと (3)言論表現を萎縮させるいやがらせなど暴力への分析と批判の不徹底 (4)あってはならない公権力による圧力、干渉 (5)検証委員会の調査はセキュリティ検討が少なく、内容評価のいわば検閲に偏っていたこと (6)仮処分再開合意から逸脱した条件提示の問題 (7)ＳＮＳへの写真投稿禁止と報道の規制

(3)に関連して補足したい。あいトリの主張する展示中止の一番の理由は、「電凸」による攻撃・妨害行為によって「安全確保」が不可能になったことだった。だとすれば匿名性の理不尽な攻撃や妨害行為に対する検証が不可欠なはずだが、実際には不十分なままである。

九月五日放映のＮＨＫ「クローズアップ現代＋」では、電凸をした人を見つけ出し、県内在住の美容整形外科医・高須克弥院長のツイートがきっかけで電凸をしたという証言を紹介した。さらにネット上の社会問題に詳しい専門家は、「電凸による抗議は〝マニュアル化された民意〟だ」と問題点を指摘している。今回も、一人で大量の電凸をしていたという情報は複数から聞いている。最大の驚異とされた「脅迫ファクス」を送ったとして威力業務妨害罪に問われた被告の初公判も注視すべきだろう。当初あいトリで展示されていない作品への抗議も混じっていたというから具体的内容分析も公開されるべきだ。

もちろん安全対策は重要だが、理不尽な攻撃の根を断つためには、その実態について詳細な調

査と分析が必要である。電話やメールの「件数」だけが社会不安を煽る危険性もあり、はたして拙速に中止決定するほどの驚異だったのかが検証できていない。

また、河村名古屋市長ら政治家による日本軍「慰安婦」被害の否定は、明らかに日本政府も継承している河野談話の見解に反しているが、大村知事、津田芸術監督をはじめメディアからも明確な反論がなかった。今回の匿名性の暴力的な妨害、脅迫行為が、排外主義や歴史修正主義、性差別などを背景にしていることを考えれば、これは大きな問題点を残したといえる。

これに関連して、気になっていることに触れておきたい。表現の不自由展実行委員会とサナトリウムの共催イベント「いま改めて、ジェンダーの視点から《平和の少女像》の意味を考える」(一〇月四日)、あいトリイベント「表現の不自由展・その後」〜キム・ソギョン&キム・ウンソン(一〇月九日)でも指摘したことだが、検証委にも顕著に表れた《平和の少女像》の文脈を変えて「女性の人権」という一般論に還元していることだ。日本軍「慰安婦」被害を明示せずジェンダー視点のみにしてしまうことは、この作品の原点である「歴史と記憶」を薄め、植民地支配責任を見えなくする作用を果たす。これこそ、キュレーションに関わる重要な問題なのである。

ここで、国際美術館会議(CIMAM)声明の一節を引用する。

CIMAMは、企画展が政治的恫喝や威圧によって閉鎖されたことに対し、強く抗議する。しかし争点はこれにとどまらず、企画展の背後にあるキュレーション上の前提について熟考すること、また、表現の自

由が求めていたものが現在完全に切り崩されたのだと明確に認識することが求められる（傍点筆者）。

こうして経緯を振り返ると、表現の不自由展中止事件について、私たち不自由展委員会は「検閲事態」と捉えており、あいトリは最後まで検閲とは認めなかったことが浮かび上がってくる。ここに大きな差異があり、本質的な問いがある。

表現者のための自由、観客のための自由、報道の自由。そして表現の送り手と受け手が双方向の〈表現の伝達と交流の場〉を確保してこそ「表現の自由」が守られる。このことを手放さないために、私はふたたび、不自由展の原点に戻る。

排外主義や性差別、日本の植民地支配責任・戦争責任の否定を背景とした理不尽な攻撃に対し、社会的少数者にかかわる表現が消されようとしていることへの危機感を原点とし、今回の不自由展中止事件で何が起きたのかを検証し意味を掘り下げつつ残された課題に向き合っていきたい。

検閲を内面化させないために。それは検閲の完成を意味するのだから。

資料・キュレーションを口実とした否定の反動性

アライ＝ヒロユキ

本件ではキュレーションとキュレーターが特別な意味で用いられた。それは検閲の正当化で、専門性の欠如が論点。具体的には検閲者のあいちトリエンナーレ実行委員会、検閲加担者のあいちトリエンナーレのあり方検証委員会が用いた。

これはふたつの論法がある。表現の不自由展実行委員会が美術キュレーションの専門性を欠くとした場合、ひとつは作家あるいは表現の自主性の法的な権利を持たないと断定できること、もうひとつは検閲行為が美的完成度の点で正当化できることだ。ふたつは微妙に補い合うが、表現の不自由展実行委員会が仮処分の申し立てで展示中止の不当さを主張するにあたり、法的権利だけでなく美的正当性も論じる必要が出てきた。私は陳述書にまとめ、名古屋地方裁判所に提出した。

美術史上では美術評論家は潜在的にキュレーターとみなされる。筆者は美術評論家であり、専門性の否定は根本からおかしいのだが、その点は措くとして陳述書の論旨を以下に紹介する。

マルセル・デュシャン以降制作の実務作業は美術表現での絶対条件でなくなっている。簡単に言えば、表現のコンセプトの絶対性で、コンセプチュアルアートはその真髄だ。さらに発注芸術など、作家が制作を外部発注する例も日常化し、表現意図のディレクションが作家性の証明となっている。こうした概念の延長上に他者の既存作品の展示配列でも表現行為が成り立つようになっている。

展示空間の場そのものの重視はニコラ・ブリオーが提唱した「関係性の美学」、（政治的）議論と交流の美術表現化はヨーゼフ・ボイスの社会彫刻の例がある。国際美術展で、アクティヴィストのグループや社会活動のＮＰＯの参加展示は日常風景だ。

検閲者とその加担者のやりようは、美術表現の進化を否定する美的反動でもある。

「表現の不自由展・その後」実行委員会声明

「表現の不自由展・その後」の一方的中止に抗議する

あいちトリエンナーレ2019実行委員会会長の大村秀章知事と津田大介芸術監督が、「表現の不自由展・その後」を本日八月三日で展示中止と発表したことに対して、私たち「表現の不自由展・その後」実行委員会一同は強く反対し、抗議します。

本展は、ジャーナリストである津田大介芸術監督が二〇一五年に私たちが開催した「表現の不自由展」を見て、あいちトリエンナーレ2019でぜひ「その後」したいという意欲的な呼びかけに共感し、企画・キュレーションを担ってきました。

今回、電話などでの攻撃やハラスメントがあり、トリエンナーレ事務局が苦悩されたことに、私たちも心を痛め、ともに打開策を模索してきました。しかし、開始からわずか三日で中止するとは到底信じられません。一六組の参加作家のみなさん、そして企画趣旨に理解を示してくださる観客のみなさんに対する責任を、どのように考えての判断なのでしょうか。

今回の中止決定は、私たちに向けて一方的に通告されたものです。疑義があれば誠実に協議して解決を図るという契約書の趣旨にも反する行為です。

何より、圧力によって人々の目の前から消された表現を集めて現代日本の表現の不自由状況を考えるという企画を、その主催者が自ら弾圧するということは、歴史的暴挙と言わざるを得ません。戦後日本最大の検閲事件となるでしょう。

私たちは、あくまで本展を会期末まで継続することを強く希望します。一方的な中止決定に対しては、法的対抗手段も検討していることを申し添えます。

二〇一九年八月三日

「表現の不自由展・その後」実行委員会
アライ＝ヒロユキ、岩崎貞明、岡本有佳、小倉利丸、永田浩三

表現の自由回復のために 表現の不自由展実行委員会が望むこと

主に日本で起こった検閲や言論規制を受けた作品を集めた展示企画、あいちトリエンナーレ2019の「表現の不自由展・その後」は、大規模な言論テロによってわずか展示開始三日目にして終了に追い込まれました。いま、「表現の不自由展・その後」の入口は巨大な壁で塞がれています。しかし、会場内は封鎖される前のまま維持され、私たち実行委員会が交代で保全・見守りを続けています。

まず、私たち表現の不自由展実行委員会は、以下の点でこの「大規模な言論テロ」に対し憂慮すべきとともに社会的犯罪として抗議の声をあげます。(1)作家の作品を公開する権利を奪ってしまったこと (2)展示施設で働くスタッフの方々に対する「言葉の暴力」で心身両面での疲弊を強いたこと (3)美術展示施設

の表現の自由を破壊したこと ⑷痛ましい京都アニメーションの放火事件を連想させる犯罪教唆で社会的不安を引き起こしたこと

まず今回の件でなすべきは、展示終了までの経緯を詳細に至るまで明らかにし、いまや日本社会全体の問題となってしまったこの「表現の危機」の情報を広く分かち合い、議論を喚起することに思います。そして、私たち実行委員会は、展示再開というかたちでの「表現の自由」を回復することこそが、この「表現の危機」に立ちむかう最良の手段であると信じてやみません。先日、あいちトリエンナーレ2019実行委員会にお渡しした「「表現の不自由展・その後」中止に対する公開質問状」は、再開のための衆議を分かち合うためのステップと位置づけています。

あいちトリエンナーレ2019実行委員会の「展示終了」という最終決定は、表現の不自由展実行委員会に正式な最終通告がなく、大村知事の記者会見をネット等の傍聴で知らされました。この相互協議のない一方的な措置は、表現の不自由展実行委員会と出展作家の権利を損ねるものであり、批判の声明を出しました。これは美術展示の意思決定は公正なものでありたいという思いから出したもので、美術界の改善と公共性の向上の願いが根底にあります。決して、あいちトリエンナーレ2019実行委員会との対立を企図してのことではありません。

この「表現の危機」において求められるのは、結束の力です。先ごろ七二組の本展と「表現の不自由展・その後」の作家が合流し、「再開の呼び掛け」を訴えるアーティスト・ステートメントがなされました(八月一五日現在八三組)。私たち実行委員はこれに強く勇気づけられました。その生まれる過程では、私たちが出展作家の仲立ちをし、かれらが合流した経緯もあります。また、本件で多くの市民の方、ジャーナリスト・有識者団体からも再開を求める支援の声をいただきました。私たちはその期待に応える責務を重く受け止めています。

今度は、私たち表現の不自由展実行委員会とほぼ途絶えがちとなってしまったあいちトリエンナーレ2019実行委員会との間で対話を回復させ、ともに手を携え、再開のための人事を尽くす番だと思います。

私たちが求めるのは、安全かつ安心なかたちでの再開です。私たちは企画準備初期(四月)から、保安上の問題に対しては、私たちの長年の経験をもとに、専門家の知見もいただき、おそらくは最高レベルの対処マニュアルと注意喚起をし続けてきました。抗議行動もある程度予測していました。そうした事態になった場合、最も懸念されるのは、最前線に立たされる電話応対される職員の方、会場のボランティア監視員の方たちの心身の消耗です。ですから事前の研修の必要性と心身の消耗のケアの重要性も指摘もしてきました。そうした準備が十分になされていなかったことは本当に残念でなりません。こちらに加え、今回の事態の詳細な情報開示を受け、より広い専門家の参集で事態の分析をともに行っていきたいと思います。その過程を経て、ご来場いただく方々には安全かつ安心して作品の鑑賞ができる環境づくりを見出すことができると信じています。

ヴェネチア・ビエンナーレやドクメンタを筆頭とする、海外の国際美術展は、近年社会のタブーを直視する政治性の強い美術表現を集め、世に問題提起を投げかけています。日本の美術展示ではそれがかなり希薄であることがしばしば指摘されています。

あいちトリエンナーレ2019「表現の不自由展・その後」にも、そうした世界潮流に呼応する意味合いがあります。本展出品作のなかに含まれる、強制連行や日本軍「慰安婦」、天皇制、在日米軍基地、政治と社会の右傾化、福島の放射性物質汚染、といった主題はまさにこの「日本社会のタブー」そのものです。そうした意味合いを持つ「表現の不自由展・その後」を、圧力に抗して再開させることは、日本の美術と社会の改善と発展に資するものがあるでしょう。また「表現の不自由展・その後」の原型である、二〇一五年のギャラリー古藤で始まった「表現の不自由展」は、いま日本社会に蔓延しつつある検閲と規制の問題を扱うことで、この社会に公正さと公共性を確保したいという問題意識から生まれました。今回の件で「言論表現の危機」が改めて明らかとなりました。この事態に対し、私たちは再開によって応えたいと思います。

あいちトリエンナーレ2019実行委員会・大村秀章会長、津田大介芸術監督には継続して対話を呼びかけていきます。一緒に力を合わせ、多くの市民やジャーナリスト、識者の方からの応援のもと、再開を実現したいと決意しています。

二〇一九年八月一五日

表現の不自由展実行委員会　アライ＝ヒロユキ、岩崎貞明、岡本有佳、小倉利丸、永田浩三

表現の自由回復のために　その2
「表現の不自由展・その後〈壁を橋に〉プロジェクト」

主に日本で起こった検閲や言論規制を受けた作品を集めた展示企画、あいちトリエンナーレ2019の「表現の不自由展・その後」が強制的に展示終了となってから、既に四〇日以上が過ぎました。会期はほ

ぼ一か月を残すのみです。

私たち不自由展実行委員会は、中止が発表された八月三日当日にその一方的中止に抗議し、それ以来一貫して展示の再開を求めています。これに対し、八月一六日には「あいちトリエンナーレ実行委員会会長大村秀章」の名義で、「表現の不自由展・その後」の展示会場を現状のまま会期末まで保全することを確約。さらに、再開に向けてあいちトリエンナーレ実行委員会、津田大介芸術監督、表現の不自由展実行委員会の三者で協議していく旨の回答をもらいました。

しかるに、協議の具体的な日取りになると、さまざまな理由をつけて繰り延べさせられ、いまだに一回も実現していません。この間、大村知事の責任で選定された委員による「検証委員会」が設置され、私たち不自由展実行委員会にもヒアリングの要請がありました。私たちは「検証委員会」の性格を分析検討し、その疑義も指摘しました。しかし、公式協議を持つに先だって「第三者による経過の検証」を行う検証委員会からヒアリングを受けてほしいとの再度の要請がありましたので、事態の改善のためまずは応じました。これは九月二日のことです。しかるに、現在に至るまで協議は開催されていません。私たちの歩み寄りの姿勢、誠意は、一切報われないままとなっています。私たちはこのことに失望を感じ、またこのまま為すところのないまま会期終了を迎えるのではとの危機感も強めています。

そこで、私たち不自由展実行委員会は、あいちトリエンナーレ期間中の「表現の不自由展・その後」の再開を実現するための法的処置として、「仮処分」の申立を行うことを決断するに至りました。これは残された数少ない日数の中で、大村知事との公式協議、さらには再開へと事態を推し進めるため、不自由展実行委員会がとりうる現実的な手段であると判断したからです。「表現の不自由展・その後」は、あいちトリエンナーレ実行委員会が契約を交わすのは、個々の出品作家ではなく、私たち不自由展実行委員会です。この仮処分は契約主体だけが取りうる行動であり、かつ不自由展キュレーターでもある私たちに課せられた責任を果たす行為であると思っております。

仮処分は、裁判所が下す判断が最短で得られる、迅速性を特徴とする法的手段です。ある状態を不服とし、その変更を求める異議申立の性格を持っています。従って、損害賠償や責任追及は発生しません。つまり、この仮処分はあいちトリエンナーレ実行委員会の大村秀章会長に対し現状改変を要求し起こすもので、津田大介芸術監督や学芸員／キュレーターへの責任追及は一切含みません。

あくまでも展示再開のみを求める法的手段です。

そもそも大村知事が不自由展を中止させた理由は、抗議電話・メールの殺到により、「安全確保」が不可能になったというものです。この点に関しても、立ち止まって検証する必要があります。

なぜなら、匿名性の暴力的な妨害、脅迫行為を理由に拙速に中止決定すれば、その余波を蒙る人々がいるからです。排外主義によりヘイトスピーチなどの被害を受けている多くの人たちがいますが、そうした人々への不当な「暴力」を是正し、排除する社会的な契機を失うことにもなります。ここでこれを許しては、さらに多くの暴力を呼び込むことにもなりかねないのです。「表現の不自由展・その後」の帰趨には、社会的責任がかかっています。私たちはその重みをしっかりと感じています。だからこそ、まだできることがあるし、なければ作らねばならないと考えます。

いまもなお、「表現の不自由展・その後」の入口は巨大な壁で塞がれています。これは検閲というかたちで、真実の開示と表現の自由を阻もうとする、人の心がつくり出した隔たりです。美術の検閲を主題とした不自由展に強いられたこの状況は、まさに日本社会の現実そのものではないでしょうか。

しかし、人の心がつくった壁は歴史上すべて壊されてきました。不特定多数の市民の自発的かつ勇気ある行動は、冷戦の象徴であったベルリンの壁を倒壊させました。いまアメリカとメキシコに立てられた「排外主義」の象徴である「壁」も、アーティストの創意と想像力によって風穴が開けられつつあります。私たち不自由展実行委員会は、自由を求める人の心の力を信じています。

現に多くの市民の方、識者、ジャーナリスト、表現者の方々の力強い応援の声を私たちはいただきました。また、あいちトリエンナーレ2019に参加のアーティストの方々のボイコット、自由を求めたステートメントの発表、また再開へ向けた多種多様な活動には、非常に勇気づけられる思いがします。この力を糧に、今度は私たちが目の前に立ちはだかる「壁」を壊すべく、新たなステップに歩み出したいと思います。

司法の良識を信じ、多くの人の応援を拠り所に、壁を打ち倒す。「壁が横に倒れると、それは橋だ」(アンジェラ・デービス)という言葉があります。ここから、私たち不自由展実行委員会は、再開を求める行動を「〈壁を橋に〉プロジェクト」と命名しました。さらに、再開に向けた具体的な対策も日々練っており、提案の準備は整っています。

「表現の不自由展・その後」の展示再開が実現することで、海外の作家のボイコットも解除されるでしょう。表現の自由が息づくあいちトリエンナーレ2019の復活です。

展示再開に向けた、より一層のご支援とご声援を賜れば幸いです。

二〇一九年九月一二日

表現の不自由展実行委員会
アライ＝ヒロユキ、岩崎貞明、岡本有佳、小倉利丸、永田浩三

表現の自由回復のために　その3
「条件付き再開」は検閲であり、無条件回復こそ自由の証明である

「表現の不自由展・その後」が三日間で展示を中断させられ、二か月を迎えようとしています。九月二五日、「再開」の言葉が大村秀章知事から語られました。これはこの二か月弱で初めて公的に発せられた明るい言葉です。このこと自体は歓迎したいと思います。

しかし、この再開とはどのようなものでしょうか。「第三回あいちトリエンナーレのあり方検証委員会」を傍聴したとき、実はこれが「条件付き再開」に過ぎないことに気づかされます。

そもそも、展示を強制的に中断させられた理由は何でしょうか？　それは安全・安心面での「重大な危機」です。しかし、本会では展示施設の多くの方を心労で苦しめた抗議・妨害や犯行教唆に対する予防、対処はほとんど話されませんでした。代わって多くの時間を割いて話されたのが「表現の不自由展・その後」のキュレーションの低評価採点です。

展示内容をことさらあげつらうのは、セキュリティがかれらにとってことの本質でない証拠と言えます。むしろ、「表現の不自由展・その後」への検閲こそが検証委員会の本心ではないでしょうか。

検証委員会は中間報告となる検証報告をまとめていますが、表現の不自由展実行委員会が指摘した事実を修正追加しようとしません。契約関係はまずトリエンナーレの出品作家であり、具体的な企画・キュレ

ーションなどの業務委託を定めた契約書もあること。五月三〇日でこちらが重要な提言を行った警備会議のこと、など多々あります。

検証委員会は再開を標榜していますが、表現の不自由展実行委員会を排除した形も視野に入れて進めようとしています。それは九月二五日の記者会見での質疑応答から明らかになっています。

検証委員会は公平性をうたい文句に、表現の不自由展実行委員会が展示説明文に記載した史実をねじまげようとしています。日本軍「性奴隷」の史実を不確かなものと形容し、展示空間にこれを反映しようとしています。これは社会的公正と少数者の人権をないがしろにする反動的姿勢にほかなりません。

検証委員会は恣意的かつ非科学的なアンケート手法を用い、「表現の不自由展・その後」への社会的反感なるものをでっちあげています。会場アンケートの回答は有為抽出であり、社会意識を正確に反映するサンプルとなりえません。また自由記述を数量化して社会意識の証左として用いるのは意識調査の禁じ手です。

私たち表現の不自由展実行委員会は、ゆがんだ検証報告の差し戻し修正を改めて強く求めます。

私たち表現の不自由展実行委員会は、私たちを参加作家として正当に遇しない検証委員会の姿勢を厳しく批判します。

条件付き再開となった場合、「表現の不自由展・その後」の作家の幾人かは展示ボイコットをすると表明しています。国際芸術展としての体面を保とうと躍起になっている検証委員会の求めるかたちの再開は、砂上の楼閣なのです。

再開とは言うまでもなく、現状復帰を文法的に意味します。私たち表現の不自由展実行委員会は無条件の再開を強く求めます。そのための協議には喜んで応じる姿勢です。

「表現の不自由展・その後」の無条件展示再開は、検閲が横行するこの日本社会で、いまもなお表現の自由が息づいていることを証明する行為です。それを私たちは希望と捉えています。

二〇一九年九月二六日

「表現の不自由展・その後」実行委員会
アライ＝ヒロユキ、岩崎貞明、岡本有佳、小倉利丸、永田浩三

表現の自由回復のために　その4
あいちトリエンナーレ2019終了にあたって

本日、「あいちトリエンナーレ2019」の全日程が終了しました。開幕三日で中止とされた「表現の不自由展・その後」も、会期残り一週間足らずで、いくつかの制約が付けられながらも展示再開にこぎつけ、六日間の再開展示を行い、無事最終日を迎えることができました。再開に向けて応援いただいた市民の皆さま、さまざまな取り組みでご尽力いただいた「表現の不自由展・その後」出品作家およびトリエンナーレ出品作家の皆さま、再開後の展示・運営に尽力していただいたあいちトリエンナーレ2019に関わったすべてのスタッフの方々に、まずは感謝申し上げます。

いま一度、事件を振り返りたいと思います。「表現の不自由展・その後」は、一六組の作家と私たち表

現の不自由展実行委員会との協議と同意のない強制的な展示中止を蒙りました。これは作家と表現の尊厳のためにあってはならないことです。私たちは展示中止を不服とし抗議するとともに、大村知事に再開に向けての公式協議を求めました。しかし、その返答は事実上の拒否と言っていいものでした。やむなく、私たちは名古屋地方裁判所への仮処分申し立てを行いました。その結果、有利なかたちで再開合意に持ち込み、和解調書を交わしました。しかし、ＳＮＳへの写真投稿禁止や報道の規制など、その再開には問題点も残しました。

「表現の不自由展・その後」のあいちトリエンナーレ2019の参加は大きな課題を残したことに気付かされます。

(1) 県と作家との二重契約など展示企画の環境におけるいびつさ
(2) 展示中止の決定とその状態が二か月も続いたこと
(3) 言論表現を萎縮させるいやがらせなど暴力への分析と批判の不徹底
(4) あってはならない公権力による圧力、干渉
(5) 検証委員会の調査はセキュリティ検討が少なく、内容評価のいわば検閲に偏っていたこと
(6) 仮処分再開合意から逸脱した条件提示の問題
(7) ＳＮＳへの写真投稿禁止と報道の規制

作家のための自由、観客のための自由、報道の自由、発表者の自由。これらは攻撃され、その経緯の追及と回復とはいまだ十分ではありません。

今後は「表現の不自由展・その後」がなんだったかを検証しつつ、これらの課題を解決していかなければなりません。それにはより広く強い連帯が必要に思います。

アンジェラ・デイヴィスの言葉を再び引用します。「壁を倒せば、それは橋になる」。私たちは壁を倒すことができたのか、橋をかけることができたのか？

おそらく、私たちはまだその途上にあると思います。あいちトリエンナーレが終わっても、この国の「表現の不自由」が消えたわけではありません。私たちの闘いの道のりはまだ遠いと言えます。

これまでのご声援に感謝するとともに、より一層のご支援を乞うものです。

二〇一九年一〇月一四日

「表現の不自由展・その後」実行委員会
アライ＝ヒロユキ、岩崎貞明、岡本有佳、小倉利丸、永田浩三

コラム1

「あいちトリエンナーレ」と愛知

樫村愛子

愛・地球博からトリエンナーレへ

愛知県から国際美術展開催へのアドバイスを求められた建畠晢（二〇一〇年）、「デザイン都市」を宣言した名古屋を、東京の物真似でしかないダメさにおいて「大名古屋展」で批判した五十嵐太郎（一三年）、〇五年に開催された愛・地球博の芸術部門で企画を担当したが、土壇場で梯子を外された港千尋（一六年）。あいちトリエンナーレ（あいトリ）の芸術監督を務めたこの三人は、中部／東海の芸術批評誌『REAR』での座談会で、あいトリが他の芸術祭と異なり、コンセプトで勝負できる特異で自由な芸術祭であり、また相当な予算とスタッフを持つことを評価した。

しかし同時に、彼らはあいトリが愛・地球博の後につづくイベントを必要とする行政によって着想されたものであり、また第一回の開催直前に起きたリーマン・ショックによって大きな混乱が起きたというローカルな背景についても指摘している。

また、あいトリのキュレーターを務めた拝戸雅彦は、国際芸術祭の先駆けとなったヴェネツィア・ビエンナーレが、そもそも一九世紀の博覧会文化の延長として発想されたことを指摘している。つまり、万博を周期化したイベントとして「ビエンナーレ」（当時は「国際展」と同義）があったゆえ、名古屋市にとっても「愛・地球博のあとはビエンナーレ」という発想は自然な選択肢だったのである。さらに、あいトリのメイン会場である愛知芸術文化センター（芸文センター）は九二年に開館したが、もともと美術・舞台芸術・音楽による複合的な芸術祭を定期的に開催する場所として建設され、その有効活用が課題とされていた。

とはいえ、そもそも芸文センターという存在自体が、日本のハコモノ文化行政の象徴であった。

世界的にみれば、たとえばイギリス(ロンドン)のように、オリンピックは開催都市の文化プログラムを進める役割を、またドイツのように、国際芸術祭は開催地の政治や記憶についての再考を促す役割を担ってきた。それに対し、開発主義の政治が支配する日本においては、文化行政は空虚なものでしかない。それが今回の「表現の不自由展・その後」に対する行政の取り組みや態度の消極性にも表れている。

さらに言えば、日本の文化行政が空白であったのは、戦前の「文化政治」に対するトラウマがあったからである。日本社会が、文化の中核にある政治と歴史を排除してきたツケは、一七年の「文化芸術基本法」において、いわゆる「稼ぐ文化」への偏重のみならず、日本文化を強調するナショナリズムを導入する動きとなって現れた。

名古屋の開発行政

一九七七年の第三次全国総合開発計画(三全総)制定過程において、名古屋はこれまでの三大都市圏の枠組みから除外された。この過程が愛知県の政財界に深刻な危機意識を生み、八八年のオリンピック招致「狂想曲」につながる猛烈な巻き返しを引き起こした。オリンピック誘致は八一年に失敗(ソウルに敗退)したが、愛知県による万博構想の発表(八八年)、世界デザイン博覧会とデザイン都市宣言(八九年)、そして〇五年の愛・地球博開催(開催決定は九七年)へとつながっていく。

地元財界を巻き込みつつ、全国的にみても特異で豊かな障害者行政等を生んだ本山政雄市長による名古屋革新市政(一九七三~八五年)は、こうした危機感の中、開発行政における政・官・財三位一体体制に巻き込まれ、次第に変質していった。革新自治体としての息の根は止められ、都市行政に事業経営の装いが与えられることで、都市行政の主導権は失われていった。

メガ・イヴェントを地元から問い直す

しかし、名古屋開発行政のシンボルとしての愛・地球博でも、今回のあいトリと変わらぬくらいのドタバタ劇があったのである。地元が懇願し、大阪万博の幻想を追い求めた開発と成功のシンボルとしての万博は、国際的な環境保護機関ともネットワークを構築していた名古屋の市民運動と、地元財界の雄であり同時に世界企業でもあるトヨタとが結びつくことで、グローバルとローカルが合わさり、異なるものに変化していった。言い換えるならば、環境をめぐる議論と市民運動とが、名古屋の政財界がもつ古い発想を塗り替えていったのである。

今回の「不自由展・その後」に再び目を向けるならば、その再開を求める運動を地元名古屋において支える「愛知県民の会」もまた、反戦・平和運動、あるいは日韓連帯にかかわってきた市民たちのあいだに、互いの顔の見える関係とネットワークを構築してきた。

そして、こうしたネットワークを基盤としつつ、これまで文化の検閲を批判してきた東京中心の活動とも、新たなつながりをつくってきたという経過がある。中身が空白だった愛・地球博が起こした化学反応の推移について今ふたたび踏まえるならば、同じように空白であるあいトリは、今回おきた展示中止問題から何を生み出しただろうか(国際芸術祭における新たなプロトコルが生まれただろうか?)。

あいトリを総括するためには、アートワールド、文化行政、政財界、市民運動など、さまざまなセクターによって構成されている愛知のローカリティに目を向ける必要があるだろう。

(かしむら・あいこ　愛知大学教授)

表現の不自由展・その後——作品の声を聞く

写真　安世鴻

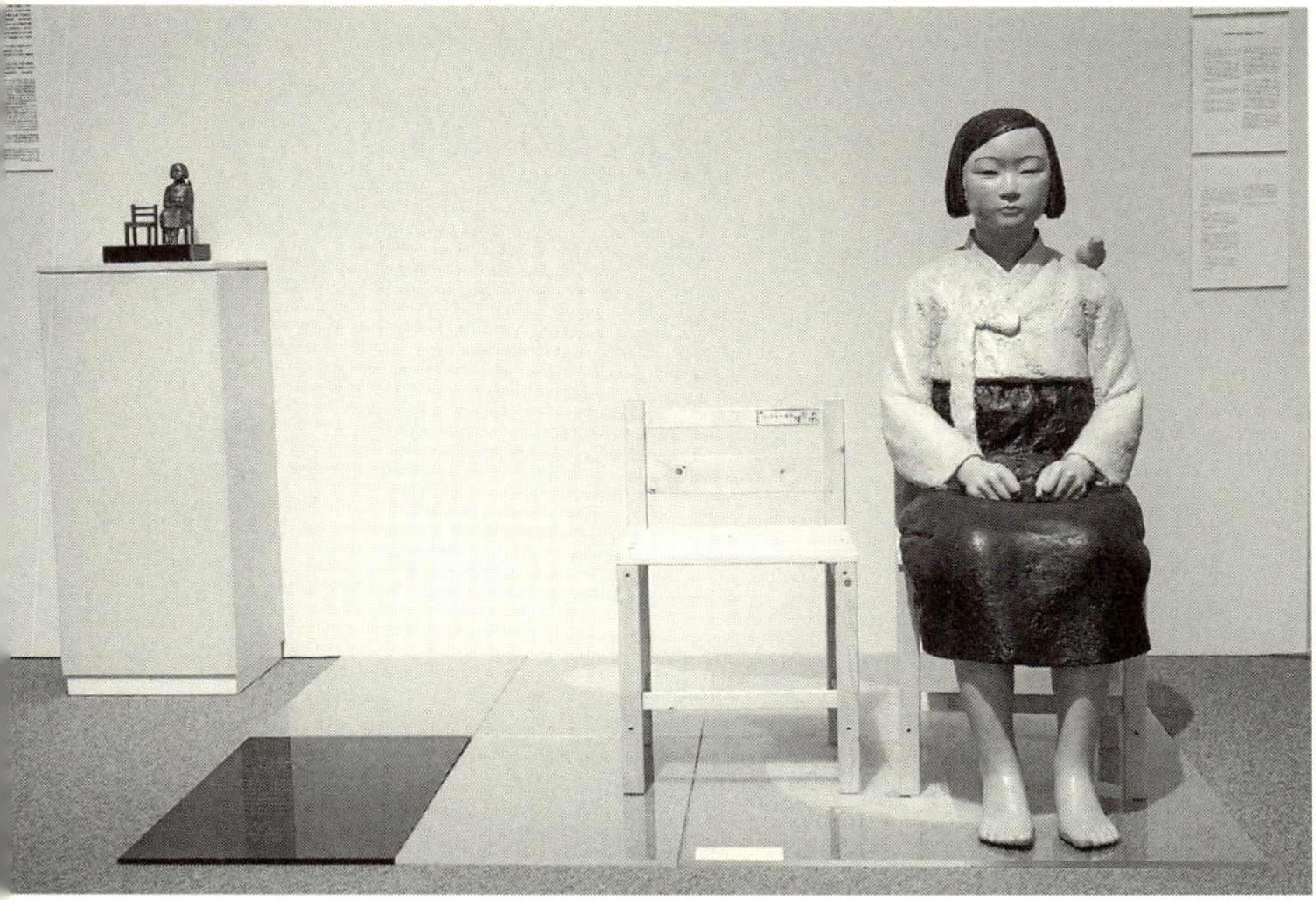

キム・ソギョン／キム・ウンソン「平和の少女像」(2011 年)
繊維強化プラスチックにアクリル彩色.「慰安婦」被害者の人権と名誉を回復するため在韓日本大使館前に設置された像の制作過程で生まれた作品. 高さ 20 センチのブロンズ像も併せて展示.

大浦信行「遠近を抱えて」(1982~83 年)
14 枚の版画連作のうちの 2 枚.「自分から外へ外へ拡散していく自分自身の肖像だろうと思うイマジネーションと, 中へ中へと非常に収斂していく求心的な天皇の空洞の部分」を重ね,「自画像」として構想.
今回「遠近を抱えて Part II」として, 20 分の動画作品も出品.

安世鴻《アンセホン》「重重――中国に残された朝鮮人日本軍「慰安婦」の女性たち」(2012年)
被害者たちを2001年から5年かけて探し当て12人を写真に収めた．モノクロ．韓国伝統韓紙に焼き付け．写された表情，仕草，生活の営みは，彼女たちの心の内までを感じさせる．

中垣克久「時代《とき》の肖像―絶滅危惧種 idiot JAPONICA 円墳―」(2014年)
円墳を模したドームの外壁に，憲法9条尊重，靖国神社参拝批判，安倍政権の右傾化への警鐘などの言葉を掲げる．天頂部には日の丸があり，伝統的な御幣や注連縄．底部には星条旗．国のありかたの滑稽さを突く．

白川昌生「群馬県朝鮮人強制連行追悼碑」(2015年)
群馬県高崎市の県立公園内の「記憶 反省 そして友好」と刻まれた朝鮮人強制連行犠牲者の追悼碑を模した作品．碑の撤去を県が求め，設置者と裁判中．作品は碑のほぼ実物大だが，白い覆いがかけられ，塔の部分は実物の色の通り黄色の布で覆う．

小泉明郎「空気 #1」(2016年)
キャンバスに写真を転写し，そこにアクリルで手を加える手法．見慣れた皇室の場に，一つの層として半透明の像を重ねる．

嶋田美子「焼かれるべき絵」「焼かれるべき絵：焼いたもの」(1993年)
「'86富山の美術」に出品された大浦信行「遠近を抱えて」は，右翼団体等の抗議により富山県立近代美術館が所蔵作品売却・図録焼却．この事件を契機に生まれた版画作品．左がオリジナル，右2つが燃やすことと抗議の過程を表した対の作品．

横尾忠則「暗黒舞踏派ガルメラ商会」(1965年)／「ラッピング電車の第五号案「ターザン」など」(2011年)
左：オフセット印刷．2012～13年のニューヨーク近代美術館(MoMA)「TOKYO 1955-1970――新しい前衛」展の際，朝日の意匠が旧日本軍の旭日旗を思わせると在米韓国系市民団体が抗議．
右：ラッピング電車(写真展示)．JR福知山線脱線事故を鑑み，「ターザンの叫ぶ姿が脱線事故の被害者と重なるという声が出かねない」とJR西日本が採用拒否．

岡本光博「落米のおそれあり」(2017年)
2017年の沖縄県うるま市の地域美術展，イチハナリアートプロジェクトに出展，問題視された．商店のシャッターへのいわばグラフィティ．

藤江 民「Tami Fujie 1986 work」(1994年)
大浦信行作品の事件を機に生まれた作品．「'86富山の美術」招待作家だった藤江の作品も含む図録が焚書扱いされたことを端的に批判する．

大橋藍「アルバイト先の香港式中華料理屋の社長から『オレ，中国のもの食わないから．』と言われて頂いた，厨房で働く香港出身のKさんからのお土産のお菓子」(2018年)
蛋黄酥，ビニール袋．長いタイトルが状況を表し，作品として提示することで見る者の多様な解釈を誘う．

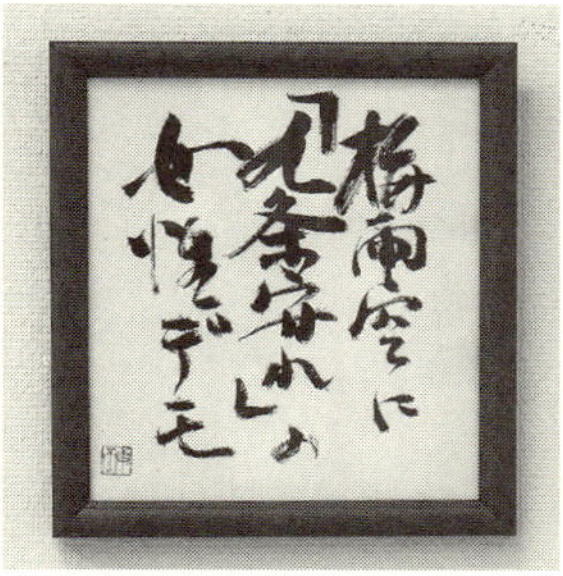

作者非公開「9条俳句」(2014年)
集団的自衛権行使容認に反対するデモを詠む．埼玉県さいたま市三橋公民館の俳句サークルで第1位に選ばれ，公民館月報に掲載されるはずだったが，館は掲載拒否．裁判で争われ作者側が勝訴した．

趙 延修《チョウヨンス》「償わなければならないこと」(2016年)
作者は朝鮮学校に通う高校生で，2015年，日本軍「慰安婦」をめぐる日韓「合意」を知り描いた．本作を含むグループ展に対し，熊谷俊人千葉市長がすでに決定していた補助金50万円の不交付を決め，現在も再開していない．

映像作品（撮影・アライ＝ヒロユキ）

永幡幸司「福島サウンドスケープ」(2011～19年)
「音」で福島の実態を伝える試み．下記URLで音を聞くことができる．https://www.sss.fukushima-u.ac.jp/~nagahata/fsp_311/

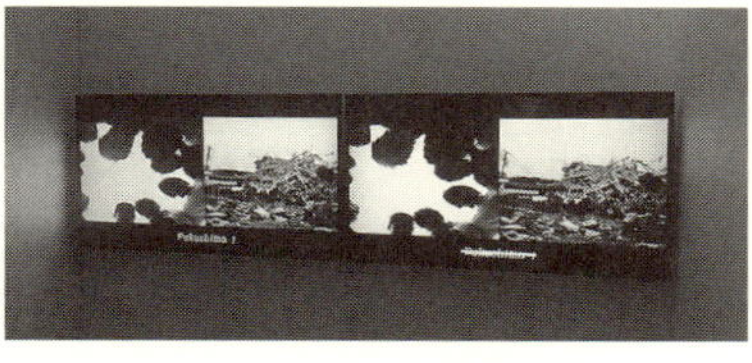

Chim↑Pom「気合い100連発」(2011年)，「堪え難き気合い100連発」(15年)原発事故直後の相馬市で地元の若者と気合を入れ合う映像と国際交流基金による規制を反映した映像の同期再生．

「マネキンフラッシュモブ」(2019年10月8日不自由展展示会場)．海老名市の自由通路で市民団体が"ABE IS OVER"等のプラカードを持ち数分間静止する「モブ」を実施．市は参加した市議に禁止命令．市議と市民は提訴し17年3月勝訴．通常はモニターで上映展示．（撮影・岡本有佳）

第３章　丸木美術館で展示された「少女像」

岡村幸宣

キム・ウンソンとキム・ソギョンの《平和の少女像》の存在を知ったのは、二〇一二年一〇月二〇日に原爆の図丸木美術館で開幕した「今日の反核反戦展 2012」であった。

同年八月に東京都美術館で開催された「第18回ＪＡＡＬＡ国際交流展 2012」において、美術館側から「政治的主張の強い作品の展示を禁止した使用規定に該当する」との理由で撤去を求められた小さなブロンズ彫刻を、主催のＪＡＡＬＡ（日本アジア・アフリカ・ラテンアメリカ）美術家会議の関係者から、丸木美術館で展示してほしいと依頼を受けたためだ。

当時の記録を見返すと、受けつけた作品名は、《a Figure of Young Girl》つまり「少女像」であり、作者名も Kim Seo-kyeong 単独であった。また、彫刻だけではなく、Park Yon-bin の油彩画《Comfort Women!》もあわせて出品された。「少女像」は、等身大の彫刻は渡航費がかかるという理由で、小品のみの出品になったと説明を受けた記憶がある。

「今日の反核反戦展」は、趣旨に賛同する者ならば誰でも自由に出品できるというアンデパンダン形式だったので、ほかの作家の作品と同様に展示を許諾し、次のＪＡＡＬＡの趣旨説明文とともに展示した。

この二作品は、韓国・民族美術人協会に所属する二人の作家の作品です。

作品は去る八月東京都美術館で開かれた「第18回ＪＡＡＬＡ国際交流展2012」に出品されました。しかし会期中に東京都美術館より、政治的主張の強い作品の展示を禁止した使用規定に該当するとして撤去を求められ、表現の自由を基とする反論、抗議をしましたが結果的にやむなく会期途中での展示終了となりました。

今回、原爆の図丸木美術館での「今日の反核反戦展2012」にご厚意を得て出品させていただきました。観客の皆さんによくご覧をいただき、美術行政の芸術表現に対する視点についてお考えをいただきますようお願いいたします。

（ＪＡＡＬＡ美術家会議）

もちろん、これらの作品が、「慰安婦」問題を快く思わない人たちから攻撃の対象となり得るという認識は、当時もあった。電話やインターネット上での「炎上」は怖かったし、職員やその家族の安全にも配慮しなくてはならないという気持ちも働いた。そうした理由もあって、特別展示とはいえ、必要以上に「政治的主張」ととられかねない文脈を強調することは控えた。あくまで「今日の反核反戦展」に出品する一作家として受け入れ、展示の機会を提供したに過ぎない。

会期中の来場者からは、特に目立った反応はなかった。タイトルは英語表記で、説明も最小限だったので、気がつかずに通り過ぎた人が多かったかもしれない。ただ、出品作家のひとりからは、「こうした作品を展示するなら出品を拒否する」との声が寄せられた。「今日の反核反戦展」の出品者から反発が出るとは予想していなかった。しかし考えてみれば、「反核反戦」という指標があるとはいえ、それをどう捉えるか、出品者の思いはそれぞれ異なって当然である。実際、その出品者は、翌年から参加しなくなった。そうした選択もまた、自由であるべきだろう。だからといって、「少女像」を撤去することは考えなかった。無審査で誰でも出品できるというアンデパンダン展の趣旨は大事にしなければいけないと思っていたからだ。

同年一一月二日の夕暮れには、「東京都美術館の検閲に抗議する会」が、東京都美術館の壁にふたりの作品の画像を大きく投影するという野外プロダクションを実施しているが、かならずしもこの事件は、広く一般に知られたわけではなかった。

日本における「公」とは何か

丸木美術館では、大浦信行の天皇コラージュ作品「遠近を抱えて」のシリーズも、二〇〇四年一月六日から三月六日の会期で展示している。当時の針生一郎館長の企画による「Piece For Peace 2003　戦争をこえるために」という展覧会で、嶋田美子、鷲見純子とともに出品する三人展だった。そのときも、作品や職員に危害の及ぶことがないよう、来場者の反応には気をつけていたが、実際に直接暴力等の行為が発生した場合の対応策を考えていたかと思いかえすと、じゅうぶんではなかっただろう。あらゆる局面において「何かが起きたとき」を事前に想定するのは、決して簡単なことではない。

丸木美術館で、社会的な主張を含む主題をあつかった作品を展示する機会が多いのは、「原爆の図」を描いた丸木位里、丸木俊がみずから創設した美術館であるという歴史が大きくかかわっている。

敗戦後の一九五〇年代はじめ、米軍を中心とする連合国軍が日本を占領し、原爆被害についての報道や写真の公開が禁じられていた時期に、ふたりの画家は共同制作で「原爆の図」を描いた。そして弾圧の危険を感じながらも全国を巡回して展覧会を開き、隠されていた被爆者の痛苦を伝える役割を担った。いわば、検閲や抑圧への抵抗と切り離すことのできない歴史性を抱えた場所だといえる。学芸員としては、そうした特徴を踏まえつつ、ほかの多くの美術館とは異なる、この美術館独自の可能性を引き出していく必要がある。

そのことを強く意識するようになったのは、二〇一一年三月における東日本大震災と東京電力福島第一原子力発電所事故だった。この年の四月九日から、目黒区美術館では、原爆にまつわる絵画、彫刻、建築、写真、グラフィックデザイン、漫画など五〇〇点に及ぶ作品を総覧する「原爆を視る　1945-1970」展を開催予定だった。もちろん丸木美術館としても全面的に協力していたが、三月二二日に突然中止の報せが届いた。

『丸木美術館ニュース』第一〇五号(二〇一一年四月一〇日発行)に掲載した次の文章は、原稿〆切の都合上、もっとも早く目黒区が中止の理由を表したものだろう。

「原爆を視る展」については、開催に向けて準備をすすめてまいりましたが、このたびの東日本大震災の惨状及び東京電力福島原子力発電所の影響を鑑み、急遽中止することといたしました。

本展覧会の主旨は、この度の大震災とは無関係ですが、イメージ的には、この度の大惨事や福島原発の事故と重なる部分もあり、区民の皆様にこの時期に是非、ご来館いただき鑑賞していただく内容ではないと目黒区芸術文化振興財団として判断いたしました。

今後の対応については、現在、未定です。

二〇一一年三月二三日　目黒区芸術文化振興財団

その後、いったんは翌年の開催を目ざす、と発表されたが、結局は財政難を理由に二〇一二年三月に再度の中止が発表された。この文章は幾度か細部が整えられて発表される機会があったものの、基本的に、主催者である目黒区芸術文化振興財団の自主規制であったという姿勢は変わっていない。

個人的には、このときが、日本における「公(パブリック)」とは何かを実体験を通して考える契機となった。目黒区に対抗するつもりはないが、丸木美術館では二〇一一年五月に緊急企画

「チェルノブイリから見えるもの」を開催した。一九八六年のチェルノブイリ原子力発電所事故の際、風向きの影響で高濃度の放射性物質が降下し、汚染された村の人びとの暮らしを描いた貝原浩の絵巻《風しもの村》を中心にした内容である。まだ「ホットスポット」という言葉も耳慣れない時期であり、展覧会はさまざまなメディアに取り上げられ、記録的な盛況となった。先の予測できない事態に直面し、核被害の事例への関心をもっている人びとが少なからず存在することを痛感した。

本来、「公」とは、そうした関心に応えることのできる場であってほしいと個人的には思う。しかし、日本の「公」的施設の多くは、むしろ巨大な権力構造にとって不都合になりかねない情報を意識的に遠ざけようとしていると感じられた。それならば、行政や企業の補助を受けずに運営している丸木美術館がやるべきことは、「公正中立」を装いつつ社会への問題提起を巧妙に避ける「公」に代わって、少なくとも一定の割合で存在する人びとの関心に対し、臨機応変に応えていくことなのではないか。そんなことを考え、社会と芸術とのかかわりに関心をもち、表現を試みている作家を積極的に企画展で取り上げるようになった。

もっとも、社会に波紋を起こすことそのものを目的にしているつもりはない。ときには作家の提案に対し、ネガティブな反響が予想されるがどう思うか、と相談を持ちかけ、展示内容に介入することもある。仮に不測の事態が発生したときに作家の側に立つためには、事前のコミュニケーションを密にとり、互いに企画を練り上げていく過程と実感が不可欠であるからだ。丸木美術館の歴史的な文脈に沿う展示であることが重要なのか、それとも固定観念から逸脱していく展示が必要なのか。基準は必ずしも明確でないので、その都度判断せざるをえない。そのため厳密な意味で「表現の自由」の運用をできているかと問われると、後ろめたい思いもある。常に迷い、悩みながら、それでも美術館の意味をいかに引き出し、社会に向けて何ができるかということを考えながら、試行錯誤を続けているというのが、現場の偽らざる感覚だ。

丸木美術館は、公的資金で運営しているわけではないが、開館二年目の一九六八年に埼玉県から財団法人の認可を受け、現在は公益財団法人として、一五〇〇人を超える友の会会員に運営を支えられている。そんな丸木美術館にとっての「公益性」とは何か、という問題は、常に頭の隅にある。国家の意見を代弁したり、権力を行使できる立場の人の大きな声、多数派の意見に同調したりすることが「公益性」であるとは考えていない。むしろ、ほかでは排除されがちな、仮に少数であっても重要な意見を発表する機会を保証し、社会に多様な視点を提示していくことが重要だろう。

なぜなら、わたしたちの生きるこの世界は極めて複雑で、「正しい選択」や「正しい価値観」は、ひとつにまとめられるものではない。にもかかわらず、行政主導の「公」は、ともすると単一の認識に人びとをまとめたがる。「われわれ日本人」という大きな主語は、果たして本当に「われわれ日本人」を代弁しているのか。というより、そもそも「われわれ日本人」として何かを代弁することが可能なのかを、考える必要がある。

「少女像」のとなりに座る

二〇一五年一月、東京・練馬区のギャラリー古藤で開催された「表現の不自由展〜消されたものたち」を訪ねた。そのとき初めて、等身大で彩色のほどこされたＦＲＰ（繊維強化プラスチック）の《平和の少女像》を実際に観ることができた。丸木美術館でブロンズの小品を観たときには、自分でも意識していなかったが、どこかで記号的な「慰安婦像」だと感じていたところがあったかもしれない。はじめ、わたしは少し緊張し、これから出会う作品に対し、どのように受け止めればよいのかと、身構えていた。

会場では、「少女像」のとなりの椅子にすわることを勧められた。ならんで記念写真を撮る人もいたが、そうした気分にはなれなかった。それより、椅子にすわったままの高さの視線から、いくつか「少女像」の写真を撮影することにした。実際に椅子に腰を下ろしたとき、この作品には、その位置からの視線が重要だ、と直感的に思ったためだ。

となりを見ると、まず、目の前にうっすらと赤く染まった頬があった。少女は血の通った人間だったのだ、と少し身体のこわばりがほぐされた気がした。近くで落ち着いて見ると、本来は三つ編みであっただろう黒い髪が、おそらくは他者によって無造作に切り刻まれ、不揃いの状態になっていることに気づいた。一見、平凡な彫刻のように見えなくもないこの像には、実は、時間をかけて目を凝らさないと気づかない、さまざまな物語が織り込まれているのかもしれない、と感じた。

視線を下に移すと、彼女の両手は、膝の上でぎゅっと固く握りしめられていた。少女の眼は正面を見つめていたが、誰とも目を合わせようとしていない。緊張しているのは彼女の方だ、と気づいた。見知らぬ土地に連れてこられ、理不尽な暴力にさらされようとしているのかもしれない。そのとき、わたしの頭に、日本と韓国のあいだに横たわる政治的、歴史的な問題が浮かんでいたのかというと、必ずしもそうではなかったように思う。むしろ国家や民族といった境界が消えていき、いつの時代にも起こり得る、女性がさらされることの多い暴力について考えていたかもしれない。もし自分が少女と二人きりでいたら、何をするだろうか。あるいは、自分に何ができるだろうか、と。

素足のままの少女のかかとは、少しだけ宙に浮いていた。彼女の不安定な心の状態をあらわしているのだろう。できるなら今すぐここから逃げ出したい、という思いを伝えているように見えた。会場スタッフの説明によると、作者はこのかかとに、長いあいだ「慰安婦」問題に向き合おうとしてこなかった韓国政府に対する批判の意味を込めた、という。言うまでもなく、この彫刻は、「慰安婦」の不条理な悲劇を題材にしたものである。しかし作者は、日韓間における歴史認識問題への単純な政治的意見としてのみ消費されることを慎重に回避し、普遍的な人権の問題として視野を開こうと試みている、と受け止めた。

芸術表現は、多くの場合、ひと筋縄では読み解けない複雑な文脈があり、時間をかけてその意味を考え続ける必要がある。そしてときには作者の意識さえも超えて、時代に呼応した意味を帯びることもある。作品の真価は、長い時間軸のなかで多くの人の目に触れながら、ゆっくりと位置づけられていくものだ。

多層的な文脈と単純な記号化

複雑さ、という点については、大浦信行による昭和天皇の写真をコラージュした作品「遠近を抱えて」も同様である。一九八六年に富山県立近代美術館に購入され、その後、右翼団体の抗議を受けて作品売却、図録を焼却処分されたとされるこの版画シリーズについては、『富山県立近代美術館問題・全記録——裁かれた天皇コラージュ』(桂書房、二〇〇一年)といった詳しい記録集も刊行されているが、作者自身は「自画像」と述べるように、単なる政治的主張に回収されない複雑な意識を抱えこんだ作品である。

これらの作品から多層的な文脈を剝ぎ取り、たとえば「反日」というレッテルを貼るように、非常に単純に記号化された先入観が暴走していく。ＳＮＳなどのネットメディアとの親和性もあるのだろうが、その傾向が近年、加速度的に強まっていることを感じる。

もちろん、そうした風潮が、以前から根強く存在することも実感していた。丸木美術館では、丸木位里、丸木俊の代表的な共同制作「原爆の図」だけでなく、一九七〇年代以後にふたりが制作した《南京大虐殺の図》、《アウシュビッツの図》、《水俣の図》などの大きな壁画を展示しているからだ。

原爆という、未曽有の破壊を間近で目撃した位里と俊は、その被害の惨状を伝えるために「原爆の図」を描き、国内外を巡回して展覧会を開いた。しかし、戦争は被害者だけが存在するわけではない。とりわけ国外で戦争を語る際には、自国にとって不都合な加害の視点を指摘されることもある。彼らは一九七〇年に「原爆の図」の展示でアメリカを訪れた経験を機に、加害と被害が複雑に交錯する戦争の実相に気づいていった。アメリカの人たちが自国にとって加害性の象徴である「原爆」を主題にした絵画の展示に尽力したように、自分たちも日本における歴史の暗部のひとつである「南京」を描こうと決意する。アメリカの歴史学者ジョン・W・ダワーは、「国家や国籍を超越する二〇世紀半ばの残虐行為の中で、ヒロシマはどのように位置付けられるかが、夫妻の目によりはっきりと映るようになった。それは、戦争というものの本質だけでなく、現代技術がより残酷にした人類の心の暗部に、二人を気づかせる啓示でもあった」(「戦争と平和と美――丸木位里と丸木俊の芸術」、一九八八年)と記しているが、こうした位里と俊の真摯な試みは、とりわけ海外の人たちの評価を高める要因となった。

一方、国内では今もなお、特定の歴史観にとらわれる人びとからの攻撃が絶えることはない。原爆やアウシュビッツを描いた絵は許容するが、南京の絵は拒む、という心の動きの奥に何が潜んでいるのか。ここ一〇年、二〇年のあいだに、丸木美術館に見学に来る学校――とりわけ「公立」の学校団体が減り続けている現実も、今回の「あいちトリエンナーレ2019」における問題と、通底するように感じられる。

今回起きた問題は、たしかに「表現の自由」をめぐる問題だが、果たして「表現の自由」だけで語れることなのだろうか。振り返りたくない歴史を直視しない空気が蔓延し、あるいは自分たちに都合のよい解釈が既成事実であるかのように演出されていく社会は、境界を自在に往来する人びとの増え続ける現代において、みずから壁や境界をつくりだし、その外側の人びととのあいだに、取り返しのつかない大きな断層を生じさせているのではないか。

「原爆の図」を携えて、アメリカ国内三会場を巡回した二〇一五年のことを思い出す。そのとき会場となったボストン大学のギャラリーの若い責任者は、「これだけ世界の距離が縮まっているのに、自国の歴史観だけに拘るなんて、できないよね」と軽やかに笑っていた。果たして、わたしたちの国はどうだろうか。

この文章を記している最中に、不自由展実行委員会は再開を求める仮処分申請をし、「あいちトリエンナーレのあり方検証委員会」が、「条件が整い次第、すみやかに再開をすべき」との見解を盛り込んだ中間報告をまとめた。芸術祭実行委員会の会長をつとめる大村秀章愛知県知事は、展示再開を目ざす意思を表明した。しかし、タイミングをはかったように、文化庁は一度採択したはずの「あいちトリエンナーレ2019」に対する補助金を交付しないことを決定した。芸術監督をつとめた津田大介は「あえて今回公立美術館で開くことに意義がある」との狙いを示したが、この国の「公」は、それほど成熟していない。むしろ、行政から提供される資金に頼らない「公」の場の形成の意味を再考することも必要ではないか。

今回の事件が内包する問題は、決して突発的にあらわれたものではない。また、芸術祭の閉幕とともに終わる問題でもない。わたしたちが乗り越えるべき問題に対して、芸術家がどのような視点を提示するのか。既存の秩序にとらわれず、閉塞した思考の枠組みを揺さぶり、世界を見つめる人びとのまなざしを内面から変えていくことは、芸術表現の重要な役割である。

過去の歴史を振り返っても、厳しい規制のなかで優れた芸術表現が生み出されることは少なくない。芸術は政治や経済のように直接現実を動かすものではないかもしれないが、逆境の時代だからこそ、数百年先に届く力を備えた表現が生まれてくることを期待したい。

コラム2

「ナヌムの家」再訪

安田菜津紀

韓国・ソウル市内の喧騒を抜け、南へと車を走らせること約一時間。のどかな田園風景を越え、民家に囲まれた細い坂道を上ると、「ナヌムの家」の静かな入口へとたどり着く。ここは太平洋戦争末期に性的犠牲を強いられた日本軍「慰安婦」だったハルモニ(おばあさん)たちが暮らす生活の場だ。訪れるのは学生時代以来、約一〇年ぶりだった。再訪したいと思ったのには、理由があった。あいちトリエンナーレ2019内の「表現の不自由展・その後」に《平和の少女像》が展示されたことを受け、政治家たちから飛び交った否定的な発言に疑問を持ったからだ。

私の出身地でもある神奈川県の黒岩祐治知事は、一九年八月二七日の定例記者会見で、「(神奈川で同様の企画展があったら)私は絶対に開催を認めない」と持論を述べた。その後九月三日の記者会見では、「慰安婦像問題という政治的メッセージに絞ったもので、一般的な政治的メッセージを認めないと言ったわけではない」、「税金を使って展示することは県民の理解を得られないとの思いで申し上げた」としている。

釈明のつもりが、発言が後退している、と思わざるをえなかった。表現の、政治権力からの自由、という視点は知事にはないようだった。「歴史認識」という言葉には確かに、解釈の幅があるのかもしれない。ただ、政治権力側の解釈を市民側に押しつけることは、はたして適切な態度だろうか。

松井一郎大阪市長の「慰安婦はデマ」という発言のように、「慰安婦」問題そのものを否定する言葉さえ見受けられた。だからこそもう一度「ナヌムの家」を訪れて、ハルモニたちの言葉に直接触れたいと思ったのだ。

「ナヌムの家」には歴史館があり、様々な資料や証言映像を見ることができる。慰安所が軍の管理下にあったこと、強制的に連れて行かれた女性たちがいたことが公的資料で認められてきたことなどを丁寧に読み解く場だ。歴史をたどる手がかりの例を挙げればきりがないが、詳しくは中央大名誉教授である吉見義明さんの『日本軍「慰安婦」制度とは何か』(岩波ブックレット784)もぜひ参考にしてほしい。

この日はハルモニたちの暮らす棟で、李《イ》玉先《オクソン》さんが話を聞かせてくれた。今は九三歳、慰安所に閉じ込められた当時はまだ一六歳だった。「当時の朝鮮は、日本が〝法律〟だったんです。〝お前を連れて行く〟と言われれば、ついていくほかありませんでした」と、悔しさをにじませながら当時を語った。

《平和の少女像》をめぐっての、日本の政治家たちの発言についても尋ねてみた。「自分たちが悪いことをしておきながら、像を建てようとするとそれをやめろというのは、正しい行いでしょうか?」、鋭い口調で批判しながらも、李玉先さんは冷静にこう言った。「私たちは安倍政権が悪いとはいうけれど、日本人が悪いという言い方はしません」。李玉先さんの言葉に耳を傾けながら、名古屋の河村たかし市長が展示に対して放った「日本人の、国民の心を踏みにじるもの」という言葉を思い返していた。その言葉は大いに、ハルモニたちの尊厳を踏みにじるものだろう。

政治権力が表現の自由に介入してくることにはもちろん警鐘を鳴らしたい。そしてその介入の前提となっている彼らの歴史認識は、これまで見つかってきた資料や、ハルモニたちの生きた証言をどこまで踏まえたものだろうか。彼らの発言の根拠がいったいどこにあるのか、それを冷静に見抜く力が私たちにも求められている。

(やすだ・なつき フォトジャーナリスト)

第4章　文化の統制

前川喜平

はじめに

二〇一九年八月から開催された国際芸術祭あいちトリエンナーレ2019（以下「トリエンナーレ」という）における企画展「表現の不自由展・その後」（以下「不自由展」という）の中止と再開の経緯は、トリエンナーレ実行委員会の会長である大村秀章愛知県知事と会長代行である河村たかし名古屋市長の対立を始めとして、表現の自由と公権力との関係や芸術文化への公的支援のあり方をめぐるさまざまな問題をはらんでいた。

本稿では、それらの問題の中で、二〇一九年九月二六日に萩生田光一文部科学大臣が公表した文化庁「日本博を契機とする文化資源コンテンツ創成事業（文化資源活用推進事業）」（以下「補助事業」という）によるトリエンナーレへの補助金約七八〇〇万円の不交付決定に焦点を当て、文化活動への公的支援のあり方と国による文化の統制について考えることとしたい。

文化庁の補助金不交付決定の薄弱な理由

二〇一九年九月二六日の文化庁の報道発表では、トリエンナーレへの補助金不交付の理由を次のように説明している。

- 愛知県は、展示会場の安全や事業の円滑な運営を脅かすような重大な事実を認識していたにもかかわらず、それらの事実を申告することなく採択の決定通知を受領した。
- これにより、(1)実現可能な内容になっているか、(2)事業の継続が見込まれるか、の二点において、適正な審査を行うことができなかった。
- かかる行為は、補助事業の申請手続きにおいて、不適当な行為であった。
- これらを総合的に判断し、補助金適正化法第六条等により補助金は全額不交付とする。

文化庁が公表していた補助事業の「審査の視点」の中には、確かに「実現可能な内容・事業規模になっているか」「計画期間終了後も地方公共団体独自で取り組めるなど事業の継続が見込まれるか」という項目が存在する。しかし文化庁は、トリエンナーレがこれらの条件を満たさなかったとは言っていない。これらの条件を満たすかどうか審査するために必要な情報である「展示会場の安全や事業の円滑な運営を脅かすような重大な事実」を、愛知県が「認識していながら申告しなかった」ことが「不適当な行為」であり、その「不適当な行為」が補助金適正化法第六条等(この「等」が何を指すのかは不明)により補助金不交付の理由になると言っているのだ。

この文化庁の説明には納得できない点がたくさんある。

第一に、そもそも愛知県がその「重大な事実」を「認識していた」というのは事実なのかという点だ。「不自由展」中止の主な理由は会場にガソリンを持っていくなどというテロ予告や脅迫だったが、それを愛知県が実施計画書提出の段階で認識していたとは考えられない。「愛知県は認識していた」というのは、文化庁側の主観に過ぎない。

第二に、仮に愛知県がいずれかの時点で不自由展の安全に対する脅威を認識していたとしても、それを申告する義務があったのかという点だ。実施計画書の様式には安全確保に関する項目はなかったし、文化庁から別途問い合わせた経緯もなく、もともと愛知県は安全確保について申告を求められていなかった。それを「申告すべきだった」というのは後出しの条件であり、その不作為を理由に補助金不交付という不利益処分をするのは、不遡及の原則に反する。

第三に、文化庁は補助金適正化法第六条を補助金不交付の法的根拠としているが、具体的にどの事由に該当するのか不明だ。

同条では、補助金交付の決定に際し、次の点を調査するものとされている。
①補助金交付が法令及び予算で定めるところに違反しないか
②補助事業等の目的及び内容が適正であるか

③ 金額の算定に誤《あやまり》がないか

④ 等（この「等」が何を指すのかは定かではない）

文化庁が言う愛知県の「不適当な行為」は上記①〜③のどれにも該当しない。だとすると④の「等」に該当することになるが、それが具体的にどういう事由なのか全く不明だ。

第四に、不自由展を含むトリエンナーレを補助事業として採択した際には外部審査委員（六名）による審査を行ったのに、不交付決定にあたっては外部審査委員による審査を行わなかったことだ。その理由を文化庁に訊けば、おそらく不交付決定の根拠とした愛知県の「不適当な行為」は「手続きの不備」であって「事業の内容」に関するものではないからだと答えるだろう。しかし文化庁はその「手続きの不備」のせいで「実現可能な内容・事業規模か」「計画期間終了後も事業の継続が見込まれるか」の二点の審査ができなかったと言っている。この二点については、外部審査委員が事業の内容を審査した結果、いったん合格という判断をしていたのだから、その判断を覆すためには、まず愛知県の「不適当な行為」が審査結果に影響を与えるかどうかについて、外部審査委員の判断を求めるべきだった。その上で、審査結果に影響があると判断されたなら、改めて愛知県から事実関係の申告を求め、それを踏まえて改めて外部審査委員による審査をすればよかったのだ。外部審査委員に諮ることなく不交付を決定したのは手続きの瑕疵である。外部審査委員の一人野田邦弘鳥取大学特命教授（文化政策）は、不交付決定の前に意見聴取がなかったため「外部審査委員の意味がない」として文化庁に辞任を申し出たが、当然の反応だろう。

第五に、補助金不交付決定後に不自由展が再開されたにもかかわらず、不交付決定の見直し・再審査をしなかったことだ。萩生田大臣は「不交付決定は再開の有無とは関係がない」と述べたが、関係ないはずがない。不交付決定は不自由展の中止という事態を前提としていたのだから、展示再開という事情変更に応じて再審査を行わなければ辻褄が合わない。

第六に、トリエンナーレに対する補助金全額を不交付にしたことだ。不自由展は確かにいったん中止された。これに抗議して出展を取り下げた作家がいたことも事実だ。しかし、他の展示は計画どおり行われたわけだから、これらの事実は補助金減額の理由にはなり得たとしても、全額を不交付にする理由にはなり得ないはずだ。

第七に、この補助金不交付決定の意思決定過程についての記録がないことだ。文化庁は本村伸子衆院議員からの照会に対し「補助金不交付を決定した審査の議事録はない」と回答し、「庁内部の事務協議で、議事録の対象外」だからだと説明した。

愛知県はこの補助金不交付措置については裁判で争うとしているから、その事実関係や補助金適正化法の解釈・適用などの法律論はいずれ判決の形で決着がつくだろうが、私が見る限り、文化庁の説明は根拠が極めて薄弱で説得力に欠けると言わざるを得ない。

政治判断ありきの不交付決定

文化庁の説明に説得力がないのは、後付けの理屈だからだ。「この補助金は交付しない」という政治判断が先にあり、後から役人がもっともらしい理由を考えたというのが真相だろう。外部審査委員の意見を聴取することもせず、意思決定過程の記録も残っていないのは、まず政治判断ありきだったからだろう。

文化庁は文部科学省の外局であり、文部科学大臣の指揮命令下にあるが、予算の執行においては独立性を持っているから、補助金不交付決定の決裁権者は宮田亮平文化庁長官である。しかし、宮田長官が自らの意志でこの決定を下したとは考えられない。宮田氏は東京芸術大学の前学長であり、自身が金属工芸の創作家である。芸術表現を圧殺するような決定を自ら行うとは思えない。

萩生田大臣は「文化庁に指示してはいない」「文化庁から報告を受け了承した」と言っているが、不交付決定の責任者が萩生田大臣であることは否定しようがない。ただし、「補助金を出さない理由を考えろ」という指示が柴山昌彦前大臣によって出されていた可能性はある。柴山前大臣は、不自由展中止決定より前の八月二日の時点で、トリエンナーレについて「確認すべき点が見受けられる」と発言していたからだ。

また、萩生田大臣は「展示内容と不交付は関係ない」とも言っているが、これは嘘だ。展示内容を問題視した上での判断であることは間違いない。菅官房長官は八月二日の記者会見で「審査の時点では具体的な展示内容の記載はなかった」「補助金の交付決定では事実関係を確認、精査した上で適切に対応していきたい」と述べていた。これは明らかに「展示内容」を問題視する考えを示した発言であり、安倍内閣として共有していた姿勢だ。だから萩生田大臣はこの補助金不交付を独断で決めたのではなく、何らかの形（たとえば閣議の前後に面談するなど）であらかじめ安倍首相と菅官房長官の了解を得ていただろうと思われる。この補助金不交付は「文化庁が手続きの不備を理由に決めたこと」ではなく「安倍政権が展示内容を問題視して決めたこと」なのだ。従軍慰安婦に関する旧日本軍の関与を否定する歴史修正（改竄）主義や日本国憲法が保障する表現の自由の軽視など安倍政権の極右的性格に起因するものと断じざるを得ない。

この補助金不交付措置がもたらすであろう負の影響は大きい。

第一に、テロ予告や脅迫によって気に入らない芸術展を中止させるという不法な行為に事実上加担することになり、こうした行為を勢いづかせることになるだろう。

第二に、政治権力を握る者が公的支援の対象とする芸術文化を恣意的に選別してよいという前例を作り、全国の自治体で同様のことが起こる危険性が増すだろう。

第三に、芸術文化関係者の間に、政府の意向に沿わない活動には財政支援が得られないという認識を広め、自由な表現活動を萎縮させるだろう。

芸術文化活動に対する補助金の交付や公的施設の使用許可などの公的支援について、時の政権がその好き嫌いで恣意的に選別を行うようになれば、それは実質的に「検閲」と同じことになり、文化は政治によって統制され、芸術文化活動における表現の自由は息の根を止められてしまうだろう。

アーツカウンシルとアームズ・レングス

芸術文化は古今東西を通じて「パトロン」(支援者)を必要としてきた。富を独占する王侯貴族や大寺院が存在しなくなった現代の民主主義社会において、最大のパトロンは国である。現代の民主国家において権力を握る者は、政党政治の下で有権者の多数の支持を得た政治勢力だ。しかし、権力を握る政治勢力が自ら好む文化のみを支援するようになれば、少数者の芸術文化はその活動の場を失い、表現の自由の保障は空洞化していくだろう。したがって、国家権力を握る政治勢力は支援すべき芸術文化活動を自ら選別してはいけない。どのような芸術文化を支援すべきかは、芸術家、文化人など「その道の目利き」(専門家)の判断に任せることが必要なのだ。

トリエンナーレが採択された文化庁の補助事業は、純粋に芸術の振興を目的とするものではなく、「文化観光資源の創成・展開」「国家ブランディングの強化」「観光インバウンドの拡充」などの経済的・社会的効果を目的とするものだ。しかし、だからといって展示内容を政治的な観点から選別してよいというものではないし、役人の判断で選ぶべきものでもない。芸術文化の価値は芸術文化の世界の中で評価されなければならない。そのために、文化庁では六人の外部専門家を審査委員に委嘱して審査を行ったのである。

芸術文化活動に対する公的な財政支援の仕組みとして、第二次大戦後の一九四六年、イギリスで設置されたのが「アーツカウンシル」だ。反面教師とされたのはナチス・ドイツによる芸術文化の統制と政治利用である。アーツカウンシル初代議長になった経済学者J・M・ケインズは、芸術は本来自由なものだという大前提に立って、芸術文化への政治介入を避けるため、芸術文化活動への支援を政府から一定の距離を置く機関に担わせることの必要性を唱えた。この「一定の距離」は「アームズ・レングス」(腕の長さ)と呼ばれる。大枠の方向性や支援の規模は政府が決めるとしても、具体的にどの芸術文化活動を助成するかは芸術文化の世界の専門家(目利き)の判断に委ねる仕組みである。

日本においても、「日本版アーツカウンシル」の構築が文化政策の課題とされてきている。文化芸術基本法に基づき二〇一八年三月に閣議決定された「文化芸術推進基本計画」においては、「日本芸術文化振興会は、文化芸術への支援策をより有効に機能させるため、アーツカウンシル(専門家による助言、審査、事後評価・調査研究等の機能)の強化を図る」とされている。こうした方針の下で同振興会の基金部には、専門職員として分野別にプログラムディレクター一名と複数のプログラムオフィサーが配置されている。しかし、この「日本版アーツカウンシル」は、政治から一定の距離を置くことの意義よりも、文化芸術活動の助成に関する計画・実行・検証・改善のPDCAサイクルの確立に主眼が置かれている。また、その分野は文化庁からの補助金「トップレベルの舞台芸術創造事業」がカバーする音楽、舞踊、演劇、伝統芸能・大衆芸能に限られており、多くの補助事業が文化庁直轄で行われている。

さらに、基本計画の前身にあたる「文化芸術の振興に関する基本的な方針(第三次)」(二〇一一年二月)では、「従来、社会的費用として捉える向きもあった文化芸術への公的支援に関する考え方を転換し、社会的必要性に基づく戦略的な投資と捉え直す」こととされた。すなわち、芸術そのものの価値よりもその社会的必要性が重視され、文化芸術への公的支援が経済的な価値を生む「投資」として捉えられるようになったのだ。今回問題となった補助事業も、こうした考え方のもとに作られたものである。

こうした文化政策の動向は、芸術は本来自由なものであり政治が口出しすべきではないというケインズの理念からますます乖離する方向にあり、芸術文化に対する政治的統制や政治利用を惹起しやすい状況を生んでいる。この状況は、表現の自由を尊重する観念が欠如し、政治が芸術文化を支配することになんの躊躇もない安倍政権のもとで、いよいよ深刻化する危険がある。それはとりもなおさず、ナチス・ドイツの文化政策に近づいていくことにほかならないのである。

結びに

国による文化の統制が許されるとすれば、それは憲法上の「公共の福祉」原理による場合以外にはない。「公共の福祉」とは、人権は他者の人権を侵害する限りにおいて制限されるという人権相互間の調整原理のことである。たとえば名誉毀損やプライバシーの侵害にあたるような表現は規制されてしかるべきだ。《平和の少女像》や昭和天皇の肖像を燃やす映像など不自由展の展示作品に不快感を覚える人はいるだろうが、単なる不快感は人権侵害ではない。

　これらの作品を「政治的プロパガンダ」であって芸術ではないと思う人もいるだろうが、たとえばピカソの《ゲルニカ》のように、芸術作品に政治的なメッセージが込められることはまれではない。また、これらの作品を「日本人へのヘイト」と呼ぶ人もいるが、ヘイトとは特定の人種、民族、宗教、障がい、職業、性的指向・性自認などのマイノリティに属する人たちに向けられた憎悪や侮蔑を含む攻撃的な言動でその尊厳を傷つけることだ。これらの作品は人種や民族としての日本人を攻撃したり排斥したりするものではないから、これらを展示することはヘイトではない。

「反日的な作品展に国民の税金を投入するな」と主張する人もいるが、「反日的」という評価はそれを主張する人の主観に過ぎない。むしろ税金を投入する公的な場でこそ、あらゆる多様な表現が許容されなければならない。「愛国的」な人が自分の金で「愛国的」な作品だけ集めて展覧会を開くことは、もちろん憲法で保障された自由な行為だ。

　多数の国民が嫌悪する作品は公の場で展示するべきでないという主張もあるが、多数者だからと言って少数者の表現の自由を奪う権利はない。人権を多数決で奪うことはできないのである。

座談会

つくり手をなめる社会は衰退の道を行く

アライ＝ヒロユキ
武田砂鉄
常見陽平

二〇一五年の「表現の不自由展」でトラブルは起きなかった

アライ　まず、企画展「表現の不自由展・その後」があいちトリエンナーレ2019の一つとして展示された流れを簡単にお話ししておきます。詳しくは岡本有佳さんの書かれた2章を参照していただきたいのですが、二〇一二年、安世鴻さんという韓国出身の写真家による旧日本軍「慰安婦」をテーマにした写真展が中止になったことを受けて、こうした検閲を可視化しようと、一五年に「表現の不自由展」が、江古田のギャラリー古藤で開催されました。

そこでは「その後」にも含まれている大浦信行さん、中垣克久さん、《平和の少女像》、群馬県高崎市の県立公園の朝鮮人強制連行の追悼碑をモチーフにした作品、そして貝原浩さんや永幡幸司さん、山下菊二さん等の作品が展示されました。これを見た津田大介さんが、ぜひあいちトリエンナーレに持っていきたいと、「不自由展」のメンバーだった元NHKディレクターの永田浩三さんに連絡がありました。その後岡本有佳さんが話をとりまとめて実行委員を選抜し、次に作家を選定する作業に入りました。私が加わったのは二〇一九年三月末で、その時にはすでに作家のかなりが選ばれていましたが、作品選定は実行委員の五名に津田さんを加えた六名で行い、全体がフィックスするのが五月頃、それから八月一日の開催まで急ピッチで進めたという流れです。

武田　いわゆる嫌中・嫌韓本が出版界で目立ち始めたのが二〇一四年頃です。私は江古田の「表現の不自由展」も行ったのですが、そこでは、今回のように、右翼団体が街宣車で押しかけたり、電話攻撃を受けたりなどのトラブルはあったのですか？

アライ　そういう人も来てはいましたが、右翼の動向や警備のノウハウを熟知している仲間がいて対応していたこともあり、トラブルにはなりませんでした。泉佐野市の市教委が小中の図書館から『はだしのゲン』を回収した事件が一四年ですね。「不自由展」の期間は一五年一月一八日から二月一日で、ほとんど毎日トークがあり、小さなギャラリーですが、いつも立ち見が出て満員でした。

町のギャラリーですから、リアルな人間が突入してくるという懸念が主で、嫌がらせとかメールは少なかったですね。SNSの社会もこの四、五年でだいぶ変化しました。

武田　嫌韓に関しては、『週刊ポスト』の特集「韓国なんて要らない」が問題視されましたが、この手の特集があちこちで組まれる社会になっています。今回も「公金を使って日本批判をやるな」という言説を繰り返し見かけましたが、これまで最低限守られてきたものすら崩れてきたと感じるタイミングではありました。

常見　僕は中止後の八月七日に「あいち」に行ったのですが、その段階では、韓国人のアーティスト二人がボイコットしていた。その後八月一二日に合同の声明が出て、ボイコットは一三名になりました。二回目に行ったのは一〇月一日です。前日の九月三〇日に展示再開が決まった直後ですが街宣車はゼロ、平日昼ということもあって、ガラガラの状態でした。実は、読売新聞の報道によればバックヤードでは、「不自由展」中止後は大体一日二〇〜三〇件だった抗議の電話が、再開するとなったらその日だけは一日二〇〇件来た、と。

常見陽平

「少女像」は企画展の中核

武田　津田さんの意向は、二〇一五年の「表現の不自由展」そのものを、そのままあいちトリエンナーレ2019にはめ込もうとしたのか、それとも何かしら、新たにエッセンスを加えて持ち込みたいのか、どちらだったのでしょう?

アライ　津田さんは、今回の作品選定の過程でも、尖った内容にしたいとか、話題性について話していましたね。検閲や日本社会の変容に対する問題意識ももちろん持っていたと思いますが、どちらかというと話題性先行で、その点は大村秀章・愛知県知事も同じです。

武田　Chim↑Pomの卯城竜太さんと松田修さんの対談本（『公の時代』二〇一九年）には、トリエンナーレが始まる前の津田さんと行った鼎談が収録されており、「一番ヤバイ展開になるとしたら「表現の不自由展・その後」でしょうね」と述べられています。

常見　一五年の「表現の不自由展」に、既に《平和の少女像》はあったわけですね。

アライ　私も含め「不自由展」に関わる人たちにとって植民地問題は大きなテーマですから、古藤での柱は《平和の少女像》でした。それに狭い所なので、ある程度の大きさの立体で展示できたのは「少女像」だけでした。「あいち」と古藤がいちばん違うのは、朝鮮人強制連行碑をモチーフとする白川昌生さんの作品や中垣克久さんの作品など大きな立体物の実物が展示できたことです。

常見　八月一五日の津田さんの釈明では、「少女像」と《遠近を超えてPart II》に懸念を持っていたが「不自由展」実行委と作家に押し切られた、後から追加になった、と読めますね。

アライ　先ほどお話ししたように、二〇一五年の「不自由展」は、安世鴻さんの「慰安婦」写真展中止事件から始まっていて、企画趣旨にも日本軍性奴隷問題が中核にあると表明しています。岡本さんは編集者、書き手として「慰安婦」問題に向き合ってきた人ですから、「少女像」を外した「不自由展」がそもそもありえないことは、常識的に考えればわかるはずです。大浦さんの作品は、天皇をコラージュした彼の作品を載せた図録が焼却処分されたことを、自ら作品を焼く映像で表現しています。版画の方は最初から展示リストに入っていましたが、大浦さんからこれは連作であり、どうしても映像作品を入れたいという強い要望があって、六月頃に追加になりました。新作まで含めるのかについては中でも議論がありましたが、出品できなかったら降りるという話になって、最終的に津田さんが大浦さんと直に交渉して出品を決めました。

ヘイトを煽った河村市長の発言

武田　今回の件はとにかくシンプルな問題だと思います。河村たかし名古屋市長の無理解です。彼は歴史的な事実に基づいた議論を怠っています。八月二日、彼が会場を訪れた後、報道陣の取材に対し、「少女像」の展示について「どう考えても日本人の心を踏みにじるものだ」「税金を使っているから、あたかも日本国全体がこれを認めたように見える」と言い、「慰安婦」の強制性についても政府見解に基づかない発言をしました。それに松井一郎大阪市長が乗り、菅義偉官房長官が交付金見直しについて匂わせた。この事実に何度でも立ち返らなければいけません。

そこをうやむやにして、津田さんの覚悟や意思の疎通の話ばかりするのはどうなのか。河村市長は「日本人として認められない」「普通の人の気持をハイジャック」「一般的にいう芸術ゆうものではないですわな」などと、身勝手に国民全体を背負っている。このやり方がいかに間違っているかについて、メディアの追及が弱かった。

常見　僕自身、ネトウヨに絡まれた体験から言えるのは、ネトウヨは誰かがよーいドンを鳴ら

アライ＝ヒロユキ

してくれるのを待っている習性がありますね。そのスターターが鳴ったら「叩いていい認定」となり、そこが引き金になって、電凸や抗議、脅迫へと雪崩を打っていくのです。

武田　電凸について河村市長が、「それこそ表現の自由じゃないですか。自分の思ったことを堂々と言えばいい」と述べた影響は大きい。電凸行為を肯定し、どうぞどうぞ、もっとおやりなさいと、パブリックな立場から表明した。Twitter 有名人ではなく、公職に就いている人です。これはＯＫだ、と首長が認めた。大変な問題だと思います。

アライ　ところが津田さん自身が九月二日の記者会見を始め、再三「政治家の圧力」が原因ではないと、問題性を否定しているのです。また、「あいちトリエンナーレのあり方検証委員会」も必ずしも表現を守るという立場に立つどころか、かなり保守色の強い人が多く、上山信一副座長は八月三一日に「不自由展は、少女像を置いただけで、政治プロパガンダと見られ、さらに他作品とあわせサヨク的企画と見られるリスクは明らかだった」とツイートしています。

公権力と右派の結託が展示中止を成し遂げた

武田　さらに、企画展再開が報じられた際、河村市長は「天皇陛下に敬意を払おうと思っている多くの人たちの表現の自由はどうなるのか。僕の精神では考えられない」と言いました。摩訶不思議な発言です。「天皇陛下に敬意を払おうと思っている多くの人たち」の表現の自由は、企画展再開によって一切制限されていません。「僕の精神では考えられない」と言いますが、あなたの精神で決められるものではありません。

アライ　今回出品作で小泉明郎さんの《空気 #1》という作品は、皇室写真から人物を消して、その「場」だけが描かれています。東京都現代美術館に出展しようとして折衝の末無理だといわれて作家は断念したのですが、天皇を政治的な存在ではなく、宗教的存在として畏敬の念をもって崇拝している人たちの宗教的感情を害するおそれがある、という言い方で封じられた。そもそも宗教的であり政治的な概念であるとは、まさに国家神道のことです。それをそのまま認めていいのかと思いますが、そこに人々の感情、気持を絡ませるやり方が巧妙なところです。

武田　『月刊Ｈａｎａｄａ』のような雑誌では「表現の不自由展・その後」はヘイトだと言い、天皇の顔を焼くなどという展示は許せない、と続けます。

まず大浦さんの作品は「天皇の肖像画を焼いた作品」という単純なものではありません。いくら説明してもその前提をたどろうとせず、天皇の顔を焼くなんて許せないと思う人はいるでしょう。その解釈を引き受けたとしても、現行法で皇族の肖像を焼いてはいけないという法規はありません。それを適用するならば不敬罪が存在していた時代に戻ります。皇室特集を組んだ週刊誌を処分する度に抗議するのでしょうか。重ね重ねですが、大浦さんの作品はそういう単純な意図で作られたものではありません。

ジャーナリスト・門田隆将氏は、「日本人にとって国民統合の象徴である昭和天皇がここまで貶められるのはどうだろうかと思わざるを得ない。昭和天皇、そして昭和天皇のご家族にとどまらず、自分たち日本人そのものの「心」と「尊厳」が踏みにじられる思いがするのではないだろうか。つまり、これらは、間違いなく日本人全体への憎悪（ヘイト）を表現した作品なのである」（『月刊Ｈａｎａｄａ』二〇一九年一〇月号）と書いています。

個人的にそのように感じられたこと、また「自分たち日本人そのものの「心」と「尊厳」が踏みにじられる思いがするのではないだろうか」と問いかけること自体はかまわないのですが、その後に「つまり」という接続詞で、「これらは、間違いなく日本人全体への憎悪（ヘイト）を表現した作品なのである」と逸脱する。なぜ、彼らの文脈では、こうも自由気ままに、自分個人の思いや問いが「日本人全体」とイコールになってしまうのか。

常見　一八年の『新潮45』（現在休刊）での杉田水脈議員による「ＬＧＢＴは生産性がない」問題でもそうでしたが、全部同じ論理で、個人の思いが一気に飛躍して全国民の思いになるという芸風です。声の大きい人が全国民を代表しているかのように何か言うと、あたかもそれが当然の権利だと共有され、他の人の権利については実に無頓着になるような連鎖が生まれていく。

武田　こういった右派的な物言いと公権力が完全に一致しています。事実、この手の雑誌には政権の中枢が次々と登場してきます。公権力が自分たちを支えてくれているという確信があるからこそ、「日本人」全体を背負うかのような言葉が次々と流れてくる。

今回、公権力と自分たちの結託によって一つの展示を中止に追いやったというのは、彼らの成功体験になります。ついにオレたちが、気にくわない人たちを成敗できる社会になったぞという、達成感を持っているのではないでしょうか。

常見　まさに安倍応援団的な人、ネトウヨが結託して「成し遂げた」。

「表現の自由」の形式論に陥ったメディア

武田　河村市長と松井市長の「慰安婦」に対する認識は、日本政府の公式な見解からもずれます。形だけ、とはいえ、安倍政権は河野談話を引き継いで、朴槿恵政権と「合意」したのですから、安倍首相は「あなたたちの「慰安婦」に対する歴史認識は間違っている」と注意しなければならないはず。冒頭にも言いましたが、彼らの発言を繰り返し問うべきであり、展示内容やトリエンナーレの運営方法以前の問題だったのではないでしょうか。

アライ　多くのメディアが形式論的な「表現の自由」問題に陥って「表現の不自由展」が何を表現し、どういう趣旨でつくられているのか、なぜ必要なのかという視点が抜け落ちていた。

常見　津田はけしからんとか、何か揉めているぞというゴシップ的関心が一方であり、表現の自由にはエログロも必要だとか、いろいろな言葉が流れる中でこういうネトウヨ流勝ちパターンが着実に完成されつつあることが、もっとも本質的な危ういところだと思いますね。

また、ネトウヨの勝利に乗るかたちで、補助金の全額不交付という文化庁の暴挙があり、それによって線が引き直されてしまった感があります。

文化庁批判が先鋭化して、その抗議行動も見てきましたが、率直に言って僕はがっかりしました。結局そこでは萩生田を引きずり下ろせなどしか言っていない。もちろん僕自身も共感する部分はあるのですが、アートに関する言葉はもっとないのか？と思いました。

そもそも「人びとの声」なるものが展示を中止させたわけです。それは萩生田のあからさまな圧力より怖しいことではないのか。その「気持」の圧力に対して、アートの側が自覚的にならないといけないと思うのです。

アライ　ヘイトの概念が生まれた背景や意味をすっ飛ばして、河村市長の発言のように、右派が表面的、脊髄的な反応を引き出して、正論を封じるために逆用している状況がありますね。

常見　ヘイトもそうですし、よく使われるのが「言論封殺」という言葉です。「いやいや君いま主張しているじゃん」という。本来別のものである善悪と賛否とが混在している上に、賛否にしても自分たちの周りでの賛であり否でしかないという認識が雲散霧消しているんですね。

「不愉快なもの」を切り分ける

武田　なぜ自分にとって不愉快なものも、他者にとってそうではないのかもしれないと、そのままにしておけないのか。常見さんも自分もヘヴィメタル好きで、その音楽に快感を覚えるけれど、多くの人にとっては耳が痛くなるほどの音楽でしょう。しかし自分は「ゆず」のような、どこまでもハッピーな音楽を聴いていると体調が悪くなる（笑）。「自分には不愉快だ。しかし、そこにあってもしかたない」というのが近代社会の基本的なルールでしょう。無論、明らかに特定の人種を侮蔑するヘイトスピーチはそこに置いてはおけない、まったく別のものです。

常見　現場に行って強く思ったのは、「不愉快なもの」の切り分けをしないといけないということです。不愉快とヘイトは別物というのはその通りで、俳優の新井浩文さんが性暴力の容疑で逮捕されましたね。推定無罪の原則は当然ですが、僕は容疑が晴れない段階では彼の「CM」が中止されるのはしかたないと思います。見ようとも思っていないのに性暴力の疑いのある人が見えたら嫌だし、広告というかたちで社会が容認すべきではないと考えるからです。

一方ピエール瀧さんは薬物使用で逮捕されましたが、彼の出演した映画が公開中止になるのは違うと思っていて、実際公開されました。性暴力には実際に傷ついた被害者がいるし、映画館という閉じられた場に意志をもって見に行く映画とCMは切り分けて考えるべきです。

武田砂鉄

あいちトリエンナーレは、お金を払って、意志を持って見に行く場です。そして「表現の不自由展・その後」は、受付の一〇階から降りて、八階のいちばん奥の扉にある。大事なコンテンツですが、決して過小評価するのではなく事実として多くの展示がある芸術祭のごく一部です。

武田　別に、表玄関にあってもいいと思います。ヨコハマトリエンナーレ2017では、横浜美術館の入口に、アイ・ウェイウェイという作家による、レスボス島に流れ着いた難民の救命ジャケットを巻き付けた作品が展開されていた。きわめて「政治的」な作品です。入口で出会い頭に見ることになる。でも、この表現は許されました。

常見 「表現の不自由展・その後」であって少女像展ではない。そしてあいちトリエンナーレ＝「表現の不自由展・その後」で、トリエンナーレが中止されたと思っている人たちすらいる。だいぶ気を遣った場所にあるんだなと率直に思いました。

津田さんはジェンダー平等を打ち出すなど、当初目指したものがあったはずです。しかし、ぜひにと持ってきた不自由展は中止になり、たくさんの作家がボイコットや展示を変更して、本来目指していた芸術展の魅力がどうなったのか。観客も作家も傷ついています。十全な芸術展が見られなかったことについて、観客はもっと怒っていい。ヘッドライナーがキャンセルになったロックフェスみたいなものですよ。

作家が作品を取り下げるのは、まさに苦渋の選択です。彼らの声明文も読むべきで、運営側だってつらいし、作家たちがせっかく見てもらいたいものを取り下げる苦しさに耐えて何を開こうとしているかを読み取らなければいけないと思います。

芸術は政治を内包する

常見 何が検閲かについて研究者の間でも議論がありますが、海外作家たちは「私の国では検閲だ」と言っていて、日本の外では検閲なんだという認識は、観客に届くべきだと思いました。

アライ　どうしても政治色の強い作家から抵抗がありますし、検閲に関して言えば、海外では基本的にあれは「censorship」で、「検閲」です。日本は何が「検閲」かについて細分化されているから、議論が見えにくいところはあります。

常見　「あいち」の問題で、もはや忘れていた佐野研二郎さんの東京五輪エンブレム盗用騒動を思い出したんです。あの時もたくさん電凸が来て、佐野さんの勤める多摩美術大学だけでなく、僕が非常勤講師をしている武蔵野美術大学など他の美大にも来ました。

そして多摩美の学園祭で佐野研二郎の葬式ごっこが行われたのですが、これはいじめの究極手段だと、非常に悪趣味で不愉快だと思いました。

でもその時、武蔵美の学生からとても長い嘆願書のようなメールが届いたのです。あのパフォーマンスには美大生の思いが詰まっていたことを理解して下さい、と。佐野さんのように成功して美大の教員もやって、みんなが仰ぎ見ている人がコネやパクリというひどい疑惑を持たれることが、どれほど美大生の夢や希望を打ち砕き、萎縮させるか。送られてきた動画も見て、納得はできないけれど、少なくとも彼ら美大生に、自分たちが学び目指しているのはこんな世界なのかという絶望や萎縮が生まれていたことを感じました。

「あいち」の件もアートの世界を目指す人たち、尖った表現をしたい人たちが萎縮しないか。

アライ　確実に違うジャンルに流れるだろうとは感じますね。また、今回非常に残念だったのは、作家は、いろいろ意見は分かれますが、とりあえず動いてがんばっているけれど、キュレーターや学芸員が沈黙してしまったことです。

武田　そもそも、政治と芸術が分離できるわけがない。どんな芸術であろうが、おのずと政治を内包しています。「いや、これはまったく政治的な要素を含みません」というステートメントだって、非常に政治的なものですよね。それをいま公的な組織や人が管理しようとしています。「この芸術作品は政治的に問題ないか?」と確認する。こんなに政治的なことはありません。

あいちトリエンナーレ2019には、いま、この社会に起きている問題とどう向き合うかを形にした作品が多く存在していた。河村市長の判断基準で言えば、おおよその作品は政治的に偏った作品です。ほとんど見せられないものになってしまう。

アライ　大体美術展の企画は、たとえば公立美術館や県、市等行政、もしくは第3セクターの財団が予算を認可しますが、基本的に企画書に書かれた全体の方針をOKとするのであって、その際に出品リストをいちいち細かく提出しないのです。

美術には「アームズ・レングス」という概念があり、国や自治体は資金を提供するがその使い道は芸術の専門家の領域だとしています。河村市長はあいちトリエンナーレ実行委員会会長代行ですから、出品作についてあれこれ言う資格はないのです。ところが日本は専門家に対する信頼感が極度に低い。検証委員会報告は津田芸術監督のマネージメントが悪いといいますが、では実行委員会の会長代行が造反するようなマネージメントはどうなのか。

武田　二〇一七年にできた文化芸術基本法には、文化芸術活動を行う者の自主性を尊重するとありますが、この考えすら守られていない。補助金不交付を発表した時、萩生田文科相はしきりに「不備があった」と言っていましたね。

常見　不備というなら、役所に議事録がないとか文書を破棄したモリカケ問題はどうなのか。また、研究者たちも自分の科研費を後で取り消されたら大変だという萎縮が生まれるでしょう。

電凸と対話すべきか　両論併記の陥る罠

武田　来年以降、オリンピックだ、万博だ、カジノだ、リニア新幹線だと、国民的にはパーティー状態が続きます。その享楽的な空気に抗おうとする表現者が出てくることを期待します。

アライ　ところがいまの美術界の流行は、「政治の問題は考えます。右翼とも対話しましょう。結論は出ないですよね」というスタイルなのです。つまり、考えるという姿勢を担保にすることによって現状を追認する。これがかなり蔓延している。

武田　それは言論の世界でも同じですね。自分はしつこくオリンピックの諸問題を指摘していますが、ある言論誌は「オルタナティブ・オリンピック」と題した特集を組みました。賄賂や開催費用の高騰、ボランティア搾取など山積する問題を突き詰めるのではなく、自分たちの考えるオリンピックはこうです、なんて感じになる。それがすごく「いま」っぽくてイヤなのです。

常見　検閲しているのは誰なのか。物書きとしては、ページビューや部数を盾に日々検閲のような機能を果たしてしまっているのは編集者じゃないかと思う瞬間があるんです。そんなことを言うと干されるとか売れないとか。「この問題については書かないでくれ」と言われたり。いまや国家権力以前に、互いに相互監視で潰し合っている感があります。

武田　「あいち」でも『新潮45』も同じで、表現の検閲や脅迫、そしてＬＧＢＴ差別に対して反対しているのであり、「右派対左派」というバトルの構図に持っていってはいけないのです。議論する以前の、きわめて稚拙な物言いであるということを繰り返し言っていかないと、あちらのステージが上がってしまう。

アライ　展示中止、検閲を前提として認めた上で何か対案するという動きは今回も見られました。右翼の主張も展示しろとか、電凸と対話しようという意見もありました。

武田　乱暴な電凸を減らすために、その電凸を受け止める行為は大きな意味を持つと思います。その一方で、明らかに口に出してはいけない言葉を連呼してくる人に対して、あたかもそれが聞くに値する意見なのだと、せり上げてしまう作用もあります。お金を出してジュースを買っている人と万引きしている人を「どっちが正しい？」と対話させる必要はありませんよね。万引きも脅迫も法律違反なのだから、「万引きはいけません」「脅迫はいけません」という話です。

アライ　いまは日本ではそれを審判するルールがないんですね。形式的な二項対立で比較することによってしか判断ができない。正義の問題に関わりますが、指針や基本理念が消えている。右対左のように見えますが、実はポストモダン以降の相対主義で、右も左も等価なんだから、釣り合いをとって落としどころを探すべきという、無思想性は今回もよく見えたと思います。

「少女像」YES or NOの「政治」に終始した

常見　もし七月一日や七月半ばぐらいに時間が戻るとしたら、どういうメッセージを発信したり、カウンターを打つなどの対策をしたら、本来のかたちのままで続いたと思われますか。

アライ　これは内部の体制の問題が絡んでいて、電話応対やセキュリティについては五月の警備会議などで不自由展実行委が細かい提案をしましたが、結局取り入れてもらえませんでした。警備や応対についての全体の提案書を出して、現場と打ち合わせをしながら事態に応じたプログラムの作成、トレーニングを考えていたのですが、県が消極的で実現しませんでした。それがあればずいぶん違っていたでしょう。もともとこういう表現をよく思わない内部の人のサボタージュや横槍があって警備態勢がとられず、中止されるべくして中止されたような側面も感じます。

常見　あえて四～六月の段階で、「表現の不自由展・その後」でこういうことをやると発信して議論を深めて、本番を迎えるという選択もあったのではないでしょうか。

アライ　それにはパブリック・コメントをとるなど膨大かつ緻密な作業があって、結果論ですが、組織をまったく違う形に組みかえないと、今回の芸術監督の周辺の態勢からは無理だった。

今回の不幸は、開催ギリギリまで「少女像」はYESかNOかという政治的な判断に終始したことです。「少女像」の展示にあたって、どういう見せ方があるのか、セキュリティはどうするのか、キュレーターのような美術館運営のプロの人たちときちんと議論することができず、結局、観客にとっていいかたちでの構築がまったくできなかった。

本来は論議を呼ぶ展示についてＹＥＳとした場合、どうポジティブな提案ができるかをしっかりつくり込んでいくのが、成熟した美術展です。それができなかったのは、日本の政治状況や取り巻く環境も関係していますが、自分の力不足もあり、重要な反省点です。

常見　忘れてはいけないのは、これは国際芸術展だということで、日本のアートに関する状況を世界にきわめて愚かなかたちで発信してしまいました。

アライ　国際美術展はアンビバレントな性格を持っていて、海外ではよくＵＦＯに喩えられます。政治的なシビアな問題を扱うのは先進国でもやはりリスクを伴うので、宇宙人が来てメッセージを発信してまた飛んで行くように、そこでの挑戦がローカルに定着するのは、実際はかなり難しい。

武田　全国各地で開かれている芸術祭でも「感じのいいもの」が多いように思います。だからこそ地域と協調し合い、それが新しい町づくりに貢献するのでしょうが、アート＝ポジティブという刷り込みが日本中に広まっているのではないでしょうか。「不自由展」のようなものが出てくると、必要以上に攻撃的だと受け止められてしまう。

それは日本社会のあらゆる表現が物申すことをしなくなってきたこととも関係しています。ポジティブなものが暴走しているというか。

アライ　本来はアーティストってスナフキンなんですよ。「まれびと」として来て、何か変なことやちょっと心に残ることを言って去って行く。

常見　地方創生の幻想もありますね。B級グルメ、ゆるキャラ並みにアートが消費されている現状があります。さらに言えば、アートのデザイン化が起きている。アートとデザインはまったく違います。デザインは確かに課題解決する要素があります。

アライ　美術はかなりセグメントされていて、現代美術は売り絵、たとえば裸婦や風景画とは違うという捉え方や定義があります。しかし最近は現代美術がそちらにすごく寄っていて、コマーシャルアートとファインアートの違いがなくなってきている。ではデザインと近いのかというと、そこは売るためのプロだから甘さがなくて、デザインの方が優れているんです。

一方で、現代美術は冷戦以降、民族やジェンダー、アイデンティティ・ポリティクスなどを扱うようになりました。世界が混迷するほど、そのリアリティを反映しようとして表現の鋭さを競っている。だからバンクシーが高く売れるわけです。必ずしもイコールではないけれど、商品価値と政治的なものが意外と結びついている。その点が日本ではわかりにくいかもしれないですね。

つくり手をなめてはいけない

武田　いま、社会に対する苛立ちを作品化するという意味では、チャンスかもしれない。そのチャンスを活かせる土壌をいかに作っていくかは物を書いている人間の一つの役割だとも思っています。たとえば、とても売れているロックバンドで、特に社会問題への発信をしない人たちも、世の中をしっかり見つめている人たちならば、楽屋では政治の話くらいするでしょう。それをどうやってステージで言ってもらえるか、表現に乗せてくれるか。ケツを叩いて、「ねぇ、おまえたち、それ、表で言ってよ」と問う作業をもっとしなければいけないと思う。

アライ　そこが、美術館というのは基本的に官、自治体と結びついていて硬直した組織で、なかなか機動的で柔軟なことが行いにくい場なのです。

武田　常に「公」に接触しなければならない。そうすると、忖度体質になりやすいということでしょうか。

アライ　役所に準ずるところはどうしてもそうなりますね。海外では、アームズ・レングスの関連で、アーツカウンシルという専門家の集団に権利を付託しようという流れがあります。注目すべきは、河村市長が名古屋でこれをやると言っていることです。おそらく政治の下請けのようなかたちを考えていて、利権の温床になりかねない、イギリス等とは正反対のものでしょう。

常見　芸術家や物書きとか、自由な立場で表現をする人たちの権利がきわめて弱い国なんですね。いま政府はフリーランスを増やそうとしています。イノベーションだの自由な働き方だの言いますし、それが大事なのはわかりますが、彼らを使い潰す気満々の意図が見え隠れしています。人件費を下げ、定額使い放題プランを導入しているかのように。

武田　「つくり手をなめたらいかんよ」に尽きます。何かをゼロから作った人に対して、まずはその作品の趣旨をきちんと受け止める。批評や分析はそこから始まるはずです。

常見　そのしっぺ返しは既に来ています。日本の大学は力が落ちていると、世界の大学ランキングでアジアの大学に抜かれたとか騒ぎますが、一方でノーベル賞は自然科学部門で多数の受賞者が出ている。それは当然過去の業績に対する評価なのだから、九〇年代以前の研究環境が優れていたからに他なりません。九〇年代に入り、大学はどんどん競争に追いやられていって、大学改革という病に冒されている。これはつくり手をなめていることと共通しています。

アライ　今回の展示中止でも、作品を愛する人たちの議論がなかなか出てこなかった。アートが好きで作品に向き合う気持があったら、簡単にプロパガンダとは言いにくいと思います。

作家の側に立たなかった芸術監督

常見　河村、松井、菅というコンボに対して、もっと共感を呼ぶ発信があったら違う流れはできただろうかと考えるんです。その点は津田さんに期待されていたのではないでしょうか。

アライ　即座に津田さんが「表現の自由を守るのは大切なんだ」と言えなかったのは、バックラッシュを恐れたからですよね。政治的な配慮をしていたであろうことは、大村知事の行動にも見えます。知事が河村市長を批判したのは、展示が中止された後の八月五日になってからです。河村市長の発言に対して、即反論したら政治生命が危ないと思っていたのでしょう。

その場で大村知事が毅然とした姿勢を見せたら、だいぶ状況は変わったと思います。県も芸術監督も作家も力を結集して、すぐに再開できる力になったかもしれない。
もちろん、名古屋という政治的には保守的なところで行政からのお金が出て、広く人々を巻き込んで大きな芸術祭をやるときには種々の圧力があるでしょう。しかし津田さんはそれを承知して芸術監督になったのです。問題が起きた時に、監督はやっぱり作家の側に立つという、その原則がなかったことがいちばん残念です。
そして、県が非常に狡猾だったのは、不自由展の作家と直接契約していなかったことです。あいちトリエンナーレ実行委員会は、表現の不自由展実行委員会を作家として扱って契約をして、不自由展の実行委員会が個別の作家と契約しています。実行委員会をどうにかすれば、いちいち作家と交渉しなくても踏み倒せるという形式にしていたわけです。われわれ不自由展の実行委員会は、県と作家さんは直接契約するようにずっと働きかけていたのですが、結局、煩雑さに押し流され、時間切れになりました。

武田　それは異例の形態なのですか。

アライ　作家との直接契約が基本です。最初に県と作家の直接契約を求めましたが、受け入れられなかった。これが第一段階。第二段階は六月中旬で、二重契約の構造となったとしても、なるべく支障が生じないよう、弁護士や国際美術展のディレクター経験者に相談して、七月二九日にやっと契約書に判を捺した。何度も降りようと思いましたが、海外から発送する作品があったので。最初の段階で作家との直接契約は無理だと言われたら、みんな降りたのではないでしょうか。

展示中止についても、われわれ実行委員会が作家から契約不履行だと訴えられる可能性もあるわけです。その担保として津田さんと覚書を交わすことにして案もできていたのですが、先ほど言ったように県との契約が七月二九日で、県の前に津田さんと契約するわけにはいかず、時間切れになってしまいました。ただ、弁護士によればある程度効力はあるという話です。

もっと面倒くさいやつになっていこう!

常見　もともと再開含みだったのですか？　最後の数日だけでも「再開」ではありますが……。

アライ　津田さんと大村知事の考えはわかりませんが、こちらはまったくそうではなくて、でなければ仮処分含め、これほど必死でやらないですよ。ただ途中で、怪情報として最後の一、二日は展示を考えているという話が聞こえてきて、津田さんがそう言ったと韓国のイム・ミヌクさんという作家が知らせてきましたが、不自由展実行委員会には何の話もありませんでした。

中止を発表した記者会見以降しばらく、津田さんは連絡しても全然応えてくれなくなりました。こちらが仮処分などで動き出すと、「ちょっと話し合おう」というメールが来る。しかし彼には決裁の権限がないので最終的に大村知事と話し合わないと再開できないことは自明の理です。津田さんに「僕に任せておけば大丈夫」と言われても、それを信じて待つというわけにはいきませんでした。

最初の三日と最後の一、二日展示すればいいというのは炎上商法ではないでしょうか。私は不在でしたが、八月二日の不自由展の実行委員との会議で津田さんは、大村知事がいま中止しても問題提起の役割を果たせたと言っている、自分も同感だという主旨の発言をしたそうです。展示が津田劇場の単なるコマでしかないとしたら、作家と作品に対して失礼です。出展を依頼した以上は、展示期間はきちんと展示して、観客に意見を言ってもらうまでがコンセプトですから。

常見　その津田劇場が、劇場として成立しなかった。ネットにおいて議論を引っ張れなかった上に、津田さんにはリーダーシップが欠けていたと思います。彼への個人攻撃ではなくて、これほど大きなイベントは「動かす」ことが大事で、そういう布陣が必要になってくるからです。

アライ　「当初、学芸員に任せるつもりだった。ところが、上がってきたリストを見て「ピンとこない。これはまずい」と方針転換。自ら決定権を握った」と北海道新聞の津田さんのインタビューにあり、後に発言が歪められたと釈明していますが、キュレーターを味方に引き込めず、周りを実務ができる人間で固められなかった。

武田　大きな物語づくりに作品が参加させられるのは不本意ですね。

いま、日常生活で、「わけのわからないもの」を連鎖して浴びるという経験はなかなかできない。現代美術の芸術祭に行くと「何これ？」と思う。でも、作品そのものに反応して感じることがある。今回の「あいちトリエンナーレ」でも、その豊かな体験があちこちでできました。

常見　展示再開の四条件も、芸術に手錠をかけました。自由にアクセスできないのだから、本来トリエンナーレがやろうとしたこととは違うはずです。いままで一〇年、二〇年かけて進んできた政治、芸術、社会全体の衰退ぶりが可視化されましたね。何もかもがどんどん無難になっていって、気づけば「クールジャパン」という名の下、マネタイズできる「感じのいいもの」だけになるんじゃないか。これはみんなで歩む衰退の道だということは言い続けていきたい。

アライ　日本の公共空間で「政治的」と言われるものが排除される事例が積み重なる中で、到達点として今回の展示中止があります。

しかし芸術作品は「反日」などと一言で言えない、多義的なものです。多様なもの、完全に理解しきれないものを受け入れないのであれば、日本社会そのものが衰退していくでしょう。それだけ日本の危機状態は深刻であり、食い止めるための私たち市民の責任は重いですね。

武田　しかし、こういうことが続くと、自分はなんとか踏ん張って物書きを続けたいなと思うと同時に、もっと面倒くさいやつになっていこうという、妙な気合いが入りますね。

（写真撮影・田中みどり）

あいちトリエンナーレ2019参加作家の声明・メッセージ

アーティスト・ステートメント

あいちトリエンナーレ2019「表現の不自由展・その後」の展示セクションの閉鎖について

私たちは以下に署名する、あいちトリエンナーレ2019に世界各地から参加するアーティストたちです。ここに日本各地の美術館から撤去されるなどした作品を集めた『表現の不自由展・その後』の展示セクションの閉鎖についての考えを述べたいと思います。

津田大介芸術監督はあいちトリエンナーレ2019のコンセプトとして「情の時代」をテーマとして選びました。そこにはこのように書かれています。

「現在、世界は共通の悩みを抱えている。テロの頻発、国内労働者の雇用削減、治安や生活苦への不安。欧米では難民や移民への忌避感がかつてないほどに高まり、二〇一六年にはイギリスがEUからの離脱を決定。アメリカでは自国第一政策を前面に掲げるトランプ大統領が選出され、ここ日本でも近年は排外主義を隠さない言説の勢いが増している。源泉にあるのは不安だ。先行きがわからないという不安。安全が脅かされ、危険に晒されるのではないのかという不安」（津田大介「情の時代」コンセプト）

私たちの多くは、現在、日本で噴出する感情のうねりを前に、不安を抱いています。私たちが参加する展覧会への政治介入が、そして脅迫さえもが——それがたとえひとつの作品に対してであったとしても、ひとつのコーナーに対してであったとしても――行われることに深い憂慮を感じています。七月一八日に起きた京都アニメーション放火事件を想起させるようなガソリンを使ったテロまがいの予告や、脅迫と受け取れる多くの電話やメールが関係者に寄せられていた事実を私たちは知っています。開催期間中、私たちの作品を鑑賞する人びとに危害が及ぶ可能性を、私たちは憂い、そのテロ予告と脅迫に強く抗議します。

私たちの作品を見守る関係者、そして観客の心身の安全が確保されることは絶対の条件になります。その上で「表現の不自由展・その後」の展示は継続されるべきであったと考えます。人びとに開かれた、公共の場であるはずの展覧会の展示が閉鎖されてしまうことは、それらの作品を見る機会を人びとから奪い、活発な議論を閉ざすことであり、作品を前に抱く怒りや悲しみの感情を含めて多様な受け取られ方が失われてしまうことです。一部の政治家による、展示や上映、公演への暴力的な介入、そして緊急対応としての閉鎖へと追い込んでいくような脅迫と恫喝に、私たちは強く反対し抗議します。

私たちは抑圧と分断ではなく、連帯のためにさまざまな手法を駆使し、地理的・政治的な信条の隔たりを越えて、自由に思考するための可能性に賭け、芸術実践を行ってきました。私たちアーティストは、不透明な状況の中で工夫し、立体制作によって、テキストによって、絵画制作によって、パフォーマンスによって、演奏によって、映像によって、メディア・テクノロジーによって、協働によって、サイコマジックによって、迂回路を探すことによって、たとえ暫定的であったとしても、それらさまざまな方法論によって、人間の抱く愛情や悲しみ、怒りや思いやり、時に殺意すらも想像力に転回させうる場所を芸術祭の中に作ろうとしてきました。

私たちが求めるのは暴力とは真逆の、時間のかかる読解と地道な理解への道筋です。個々の意見や立場の違いを尊重し、すべての人びとに開かれた議論と、その実現のための芸術祭です。私たちは、ここに、政治的圧力や脅迫から自由である芸術祭の回復と継続、安全が担保された上での自由闊達な議論の場が開かれることを求めます。私たちは連帯し、共に考え、新たな答えを導き出すことを諦めません。

あいちトリエンナーレ2019参加アーティスト 七二名

賛同者一覧(二〇一九年八月六日現在)

青木美紅、伊藤ガビン、石場文子、市原佐都子、今津景、今村洋平、イム・ミヌク、岩崎貴宏、アンナ・ヴィット、碓井ゆい、エキソニモ、越後正志、遠藤幹子、大浦信行、大橋藍、大山奈津子(しんかぞく)、岡本光博、ピア・カミル、レジーナ・ホセ・ガリンド、ドラ・ガルシア、ミリアム・カーン、キュンチョメ、葛宇路(グゥ・ユルー)、クワクボリョウタ、小泉明郎、こまんべ(しんかぞく)、小森はるか、澤田華、白川昌生、嶋田美子、菅俊一、スタジオ・ドリフト、高嶺格、高山明、田中功起、津田道子、Chim↑Pom、TM(しんかぞく)、dividual inc.、ハビエル・テジェス、戸田ひかる、富田克也、トモトシ、永田康祐、永幡幸司、パク・チャンキョン、半坂優衣(しんかぞく)、広瀬奈々子、ジェームズ・ブライドル、キャンディス・ブレイツ、タニア・ブルゲラ、藤井光、藤原葵、ヘザー・デューイ＝ハグボーグ、BeBe(しんかぞく)、星ヲ輪ユメカ(しんかぞく)、桝本佳子、アマンダ・マルティネス、クラウディア・マルティネス・ガライ、繭見(しんかぞく)、三浦基、ミヤタナナ(しんかぞく)、ジェイソン・メイリング、モニカ・メイヤー、袁廣鳴(ユェン・グァンミン)、弓指寛治、吉開菜央、よしだ智恵(しんかぞく)、梁志和(リョン・チーウォー)＋黄志恒(サラ・ウォン)、鷲尾友公、和田唯奈(しんかぞく)、ワンフレーズ・ポリティクス(しんかぞく)

(二〇一九年八月七日追加)安世鴻、イェツェ・バーテラーン、キム・ソギョン、キム・ウンソン、カタリーナ・ズィディエーラー、パンクロック・スゥラップ、藤江民、ホー・ツーニェン、マネキンフラッシュ

モブ、ユザーン、レニエール・レイバ・ノボ
（二〇一九年八月八日追加）ネイチャー・シアター・オブ・オクラホマ、ミロ・ラウ
（二〇一九年八月一〇日追加　計八七名）ウーゴ・ロンディノーネ、趙延修
（二〇一九年八月一〇日以降　計八八名）アンナ・フラチョヴァー

表現の自由を守る

二〇一九年八月一二日

私たちは、以下に署名するあいちトリエンナーレ2019の参加作家として、トリエンナーレ内の展示会場を一部閉鎖するという決定を、決して容認することのできない検閲行為として非難します。「表現の不自由展・その後」と題されたその展示室は、国や行政からの政治的圧力と、問題視されている作品を展示から外さなければテロ行為をするという匿名の脅迫者たちの圧力により、八月三日から無期限に閉鎖されています。

以前のアーティストステートメントで公に表明したように、私たちは、トリエンナーレのスタッフと検閲された芸術作品に対する暴力を扇動するような脅迫行為を断固として認めません。展覧会スタッフと観客の心身の安全を確保するため、あらゆる予防措置が取られなければなりません。しかし、その上で、「表現の不自由展・その後」の展示が再開され、当初予定されていた通りトリエンナーレ閉会時まで継続

されるべきだと主張します。

今回の件において、攻撃の主な標的は、キム・ソギョンとキム・ウンソンによる彫刻作品《平和の少女像》でした。この作品は、日本において今もなお抑圧されている第二次世界大戦時の軍事的性奴隷制度(婉曲的に「慰安婦」と呼ばれている)の歴史的記憶を取り戻すことに焦点が当てられています。私たちがアーティストたちの声を聞き、作品が展示されるよう支援することは、倫理的な義務だと考えます。表現の自由は、どのような文脈からも独立して擁護される必要のある、不可侵の権利です。

ここでいう、表現の自由への攻撃には以下を含みます。

(1) 河村たかし名古屋市長による「表現の自由展・その後」の展示中止を求める不適切な発言
(2) 菅義偉官房長官による文化庁からの補助金の見直しを示唆した威嚇ともとれるコメント
(3) 展覧会スタッフが受けた数多くの匿名嫌がらせ電話
(4) 「表現の不自由展・その後」を閉鎖しないとテロ行為をすると脅迫するファックス

あいちトリエンナーレ実行委員会が不合理な脅しと政治的な要求に屈したことは表現の自由を侵すものであると考えています。また「表現の不自由展・その後」の参加アーティスト、キュレーターたちおよびその実行委員会との事前の議論を経ずにこの展示室を閉める決断をしたことには疑問を呈します。

私たちは、これが検閲でなく「リスク管理」の問題であるという考えには根本的に同意できません。アムネスティ日本、美術批評家連盟AICA JAPAN、日本ペンクラブ、そして国内外の報道機関が、これを一つの検閲のかたちとして公的に非難しています。

文化機関として、展示作家の権利と表現の自由を守ることはあいちトリエンナーレの責務です。もちろん人命や安全が危険にさらされたとき、決断が容易でないことは理解します。しかし公的機関としては、関係機関と連携し、スタッフ、観客、および展覧会に関わるすべての人に対し保護および安全を提供することもまた責任のひとつです。警察には、あらゆるテロ脅迫の場合と同様、真剣かつ正式な捜査を実行する義務があります。すべて、本来なら「表現の不自由展・その後」が閉鎖される前に考慮されるべき措置でした。

お互いに支え合い、励ましてくれた事務局や会場担当のスタッフたちを巻きこむつもりは毛頭ありません。私たちは彼らの熱心な仕事に感謝し、この困難な局面において彼らを支えたいと思っています。しかしながら、すでに「表現の不自由展・その後」が検閲されてから1週間以上が経ちました。この間に、運営側はアーティストとの公開議論の場を準備することに受け身のままで、私たちアーティストは展覧会を再開することがいかに重要かを強調してきました。そして、少なくとも二人がテロの脅迫を行ったとして逮捕されました。しかしながら、検閲された展示室が再開されるかどうかについて、未だ明快な回答をもらっていません。

従って、私たちは検閲されたアーティストたちとの連帯を公に示すための身ぶりとして、「表現の不自由展・その後」が観客に閉ざされている限り、トリエンナーレに展示している自らの作品展示を一時的に停止するよう、運営側に要求します。この行為を通じて、あいちトリエンナーレ実行委員会が、政治的介入や暴力に屈して「表現の自由」を妨げることなく、「表現の不自由展・その後」を再開し、素晴らしい仕事を続けてくれることを心より願います。

表現の自由は重要なのです。

タニア・ブルゲラ　ハビエル・テジェス　レジーナ・ホセ・ガリンド　モニカ・メイヤー

ピア・カミル　クラウディア・マルティネス・ガライ　イム・ミヌク　レニエール・レイバ・ノボ
パク・チャンキョン　ペドロ・レイエス　ドラ・ガルシア　ウーゴ・ロンディノーネ
（二〇一九年八月二三日追加）田中功起

表現の不自由展・その後の中止に対する「ジェンダー平等」としての応答

「表現の不自由展・その後」が中止に追い込まれたことについて、「あいちトリエンナーレ2019」が掲げる重要な指針である「ジェンダー平等」の視点から芸術生産に従事する立場としての意見を述べます。

今回トリエンナーレ事務局に寄せられた多数の抗議や脅迫の対象の、主なもののひとつがキム・ソギョン、キム・ウンソンによる《平和の少女像》であり、この作品は一九三〇年以降から太平洋戦争まで存在した旧日本陸軍、海軍による「慰安婦」制度下における過酷な経験と、その後に強いられた沈黙への告発が出発点となっています。政治問題として扱われることの多いこの問題ですが、本質は女性の人権問題であり、《平和の少女像》も反日プロパガンダのためではなく、被害者女性の類稀なる勇気をたたえ、彼女らの深い傷を公に認知し、市民に平和について考えることを奨励するという意図のもとに制作されたと私たちは捉えています。その作品に対し、作品批評という枠を超え、誤った認識に基づく抗議、憎しみを煽るヘイトスピーチや一部の政治家たちによる不公正で脅迫めいた圧力が起きているこの事態は、女性に対する差別がこの社会において今なお根強く揺るぎないことの証明にほかならず、今回のトリエンナーレが掲げる「ジェンダー平等」に真っ向から反することは言うまでもありません。

また、「慰安婦」制度がうまれた時代から時を経てなお、現在も社会のあらゆる場面で性差による差別は顕然と残っています。その性差別はもちろん男性を対象にしたものも含まれます。そのような状況を受け入れることは、すべてのジェンダー、ひいては社会的弱者に対する人権侵害に加担することです。

これらのことに対して、私たちはいかなる名目でも、被害者の尊厳を傷つける性差別を始めとするあらゆる差別に強く反対します。

今回、トリエンナーレにおいて、作品を通してなされるはずだった議論の機会を奪った暴力が、将来、同様にこの加害の歴史そのものをなかったこととするために利用されるのではないかという強い危惧を抱きます。こうした現状におかれてもなお、私たちは、そのような抑圧的な力に対する抵抗として、過去と現在、そして未来における芸術の創造力、そして人々が持つ他者への共感や愛情の力を信じ、「表現の不自由展・その後」と展示室の閉鎖や一部変更を余儀なくされた複数の作家たちを含むトリエンナーレの自律性をもった完全な回復を求めます。

二〇一九年九月四日

起草者　碓井ゆい（あいちトリエンナーレ2019参加アーティスト）、大橋藍（表現の不自由展・その後）

賛同者名略　五九八名（二〇一九年一〇月四日）

「表現の不自由展・その後」の中止に伴い、私共はあいちトリエンナーレ2019から謹んで辞退するという難しい決断を致しました。報道機関にとって表現の自由はその使命の核にあるもので、展覧会への参加は表現の自由という価値と衝突しかねない立場になるためです。

ＣＩＲ（調査報道センター）

あいちトリエンナーレ2019の参加アーティストとして、私は愛知で日本国内外の観客の皆さまに《チャイルド・ソルジャー》をお見せすることができないことを非常に悲しく思っています。私は自作《チャイルド・ソルジャー》を本展から取り下げることを主張しました。私の出品辞退は「表現の不自由展・その後」に対する検閲に抗議するためです。

あいちトリエンナーレ実行委員会が「表現の不自由展・その後」の展示を中止したことに私たちは皆、深い失望を感じています。

アーティストとして、表現の自由を守ることは私の根本的な義務です。ある作品の好き嫌いに関わらず、作品はいかなる種類の権力、弾圧政治、もしくは脅迫によって検閲されてはなりません。私は表現の自由が完全に保証されたどこかの時と場所で、将来別の機会があることを願っています。

パク・チャンキョン

検閲は、違法な行為です。にもかかわらず、「表現の不自由展・その後」は撤去されてしまいました。私はこの決定に抗議の意を込めて、私の作品が見られる機会を自ら剝奪します。

芸術作品、そして美術館は、見たいものだけを見て、聞きたいことだけを聞いて、言いたいことだけを言うために存在するのではありません。自由民主主義社会における芸術空間は、複数の意味の次元における不一致を保護する役割を担うのです。

しかし、政治の論理で行われた検閲に、芸術空間が屈服しなければならないということが起きました。これはとても恥ずべきことです。作家は、政治を理由に、表現の自由を脅かす暴力に屈服すべきではありません。

私の作品《ニュースの終焉》は、メディアが助長する感情の扇動の中には存在しない共同体を探る作品でした。

皮肉なことに、ご足労くださった貴重な観客の皆さまに作品をお見せできないことを本当に悲しく思います。

再び、安全の名目で不法なテロや圧力に屈することがないように願い、作品の展示を拒否します。

「表現の不自由展・その後」が再び開かれる日は、お互いが自由に、そして平和に共存する日であることと信じています。

イム・ミヌク

沈黙の Clothesline

《The Clothesline》は「表現の不自由展・その後」が再び開かれるまで、沈黙を続けます。今後、質問カードの回答が受け付けられることはなく、また、すでに集まっている回答は片付けられました。

「あいちトリエンナーレ2019」の一部であるこの展示は、テロの脅威と脅迫によって閉ざされました。トリエンナーレの参加者として、人々が彼らの体験を共有し声を上げるための場所を開くアーティストとして、私は、作品が検閲されている仲間のそばにいます。そしてこの困難な状況に直面しているトリエンナーレで働く人々と連帯します。

モニカ・メイヤー

この作品は閉鎖されてしまったアーティストたちとの連帯を示すため、またあいちトリエンナーレのスタッフや参加アーティストたちに掛けられた政治的圧力に抵抗するため、一時的に展示を中止しています。十分な安全策が取られ、すべての展示会場が観客のために再開された際には、この作品も再び展示されます。

クラウディア・マルティネス・ガライ

「表現の不自由展・その後」が中止に追い込まれ、様々なアーティストが作品展示の一時中止を決断している中で、展示を継続しているアーティストの一人として、また、「あいちトリエンナーレ2019」の掲げる「ジェンダー平等」に賛同する立場から、個人の考えを述べたいと思います。

私は以前、太平洋戦争中の旧日本軍「従軍慰安婦」制度についての作品を制作しました。今回の攻撃対象は主にキム・ソギョンさん、キム・ウンソンさん作の《平和の少女像》であり、この作品は「慰安婦」制度の問題が出発点となっています。政治問題として取り沙汰されることの多いこの問題ですが、本質は女性の権利の問題であり、同様に《平和の少女像》も戦時性暴力の否定をテーマにしていると私は認識しています。

いかなる名目でも、被害者の尊厳を傷つけること、そして差別を正当化することには反対します。作品展示を一時中止することによって検閲されたアーティストたちへの連帯を示すという方法には心からの敬意の念を抱いています。同じ思いで、私は、作品を鑑賞するという機会を、来ていただいた方に十二分に生かしていただくことで、その機会を奪った力に対する抵抗とする方法を選びました。

過去へ・他者へ・未来へ対する芸術による想像力を信じています。

碓井ゆい

＊他に田中功起「展示の再設定のための、遅れたステートメント」がある。

「不自由展・その後」参加作家メッセージ

抗議声明

あいちトリエンナーレ2019「表現の不自由展・その後」出品作家

大浦信行

あいちトリエンナーレ2019実行委員会委員長の大村秀章知事と津田大介芸術監督が「表現の不自由展・その後」を、八月三日を持って展示中止と発表したことに対して、出品作家の一人として、強い憤りをもって抗議します。

また、津田芸術監督から、出品作家への事前の説明がないまま突然の中止に至った事は、当の作家が「蚊帳の外」に置かれたまま事態が進んでいったことであり、到底納得出来ません。

いくら政治的介入や脅迫があったとは云え、開催後僅か三日で中止されてしまうということは、「表現の自由」をないがしろにするものであり、そこに深い議論がなされたとは全く思えない。

本来、表現は、現実の事象を作家の想像力を発揮して咀嚼し、現実の外へと遠く飛翔し、そこで解体され、組み直されて、新たな意匠をまとって再びこの現実に戻ってくる。それが表現と云うものだ。だから表現は現実そのものの再現ではあり得ない。

しかし、公権力は、この現実の事象としてしか表現を捉えない。そこに検閲が生まれてくる。「表現の不自由展・その後」は、その現実との齟齬を、今一度、作家の動機と内面に寄り添って、検証するという開かれた場であった。

貴重なその場が突然展示中止にされた今、創作者と鑑賞者が意思を疎通する場としての「表現の不自由展・その後」の即時開催を強く希望します。

そして、主催者と作家による議論の場を設けることも合わせて要求します。

二〇一九年八月七日
芸術作品を隠すことは悲しいことです。

大村秀章愛知県知事と津田大介芸術監督は、「表現の不自由展・その後」の展示中止という選択をしました。

テロの脅迫犯が捕まりました。いま再び障壁をなくさなければなりません。

八月一日から八月三日まで「表現の不自由展・その後」を見た日本の人々の姿は、落ち着いていて、繊細でした。しかし、展示前から作品に影響を与えようとする大村秀章愛知県知事と津田大介芸術監督の意図的な干渉(写真撮影とSNS不許可)は失望そのものでした。

津田さんは誰よりも真っ先に表現の自由の先頭に立たなければなりませんでした。大村愛知県知事もトリエンナーレ実行委員長として、表現の自由に対する名誉を守らなければならない立場にありましたが、むしろ表現の不自由の国家であることを、津田さんとともに国際的に認めさせた張本人になりました。

あいちトリエンナーレは一〇月一四日まで成功裡に成し遂げられなければなりません。間違った選択は元に戻さなければなりません。

日本社会が抱えている不都合な真実かもしれませんが、それを芸術作品として昇華させたのが「表現の不自由展・その後」です。日本の市民が直面しなければならない作品であり、本当に語らなければならない作品です。

テロの脅迫に屈服する姿に、正義と真実さえ蔽い隠そうとしているのではないかという疑いを持ちます。河村たかし名古屋市長と菅義偉官房長官の発言は、日本の憲法にも厳然と存在している、表現の自由を侵害する反憲法的詭弁です。また、彼らは展示に責任を持つ関係者でもありません。自分が気に入らないからと展示に対して圧力を行使するのは、日本のすべての文化芸術を見下す不道徳な行為です。

日本は西欧に文化的に多くの影響を与え、多くの国外の美術を招待し、理解してきた（抱いてきたという意味で）文化芸術の先進国でした。

こうした力量が蓄積され、トリエンナーレが毎回成功し発展することができたと思います。「表現の不自由展・その後」をあいちトリエンナーレで電撃的に受け入れたのは、日本の底力を見せる素晴らしい決定でした。

テロと脅迫は、それ自体が不快で、日本社会から退けなければなりません。

「表現の不自由展・その後」を観る権利を日本の市民から奪わないでください。「表現の不自由展・その後」で展示する権利をアーティストたちから奪わないでください。

展示場から「表現の不自由展・その後」を隔てる壁の中に埋めこまれたのは、おそらく「表現の不自由展・その後」ではなく、日本の良心です。

壁を取り払えば、日本の良心は再び生き返り、生命が吹き込まれるでしょう。

二〇一九年八月一〇日

《平和の少女像》作家 キム・ソギョン、キム・ウンソン

「表現の不自由展・その後」の中止撤回と展示の再開を強く求めます

あいちトリエンナーレ2019で「表現の不自由展・その後」が三日で実行委員長である大村秀章愛知県知事と津田大介芸術監督によって中止を宣言される事態が発生しました。展示場の閉鎖は表現の自由をふさぐ壁であり、日本社会の極右勢力を守る壁です。壁を取り除き「表現の不自由展・その後」の中止を撤回し、展示を再開することを強く求めます。

私をはじめとする展示に参加したアーティストは、八月三日にメディアが展示中止の報道を流すまで、私の知る限り誰一人として主催者あいちトリエンナーレ2019大村実行委員長、津田大介芸術監督から展示中止についての話し合いもありませんでしたし、連絡を受けてもおりません。三日夕方の報道を受けて、四日朝一〇時に急いで展示場に駆け付けたときには「表現の不自由展・その後」の展示場の入口は高い壁でふさがれ、誰も入ることができませんでした。入口には展示が中止となったという案内板が立てられているだけで、中止の理由については何の説明も書かれていませんでした。

「表現の不自由展・その後」はそもそも津田大介監督から、公立の美術館で検閲を受けた作品を展示する「表現の不自由展」のコンセプトはそのままに、二〇一五年以降の事例も加えて、それらを公立の美術

館で再展示する、表現の自由を巡る状況に思いを馳せ、議論のきっかけにしたいという趣旨の企画として、キュレーションを不自由展実行委員会に任されたものだと聞いています。

ところが、「表現の不自由展・その後」の中止は政治の検閲による表現の不自由の存在を世間へ見せつけるパフォーマンスになってしまいました。日本社会が抱える恥部を隠そうとして、むしろ日本の歴史にもう一つの恥部を作ったのです。

八月二日、菅義偉官房長官は、記者会見で「補助金交付の決定にあたっては、事実関係を確認、精査して適切に対応したい」と発言しました。河村たかし名古屋市長は展示場を訪れ「どう考えても日本人の心を踏みにじるものだ。即刻中止していただきたい」と発言し、大村県知事に展示中止の要請書を送るなど、憲法二一条で禁止されている検閲にあたる行為をしました。

翌三日、大村県知事は記者会見で展示中止を発表しました。展示中止を決定した重要な理由として「ガソリン缶を持っておじゃまする」というファックスが届いたことを挙げています。職員と観覧客の安全のために展示を中止するしかなかったと発表しました。

万一、テロの脅迫があったのであれば警察に届け、犯人を捕まえることが正常な行為ですが、犯人を捕まえるための日本の公権力はすぐに動きませんでした。むしろ、正当に行われていた展示を中止させることで事態を収めようとしました。これは主催者側が脅迫犯の意見を受け入れたとしか考えられません。展示中止の決定まで右翼の脅迫に対しいかなる十分な安全対策を講じたのか問わざるを得ません。

日本で論争になっている天皇、安倍首相、憲法九条、日本軍「慰安婦」、福島、人種差別などが展示されている「表現の不自由展・その後」はアーティストたちにとって作品を発表するための表現の場です。展示場はアーティストだけの空間ではありません。アーティストの作品と、受け手である観客の疎通の空間です。このようなコミュニケーションが権力や知られざる理由で中止されたとしたら、アーティストと受け手の両方が被害にあったということになります。また、人間の知る権利を侵害することでもあります。表現の場としての空間を奪うことは展示を鑑賞したいと願う人々にたいしても表現の自由を侵害することなのです。

二〇一二年六月、ニコンサロンでの《重重　中国に残された朝鮮人元日本軍「慰安婦」の女性たち》写真展が中止された後、仮処分判決を通じ展示を再開させましたが、ニコン側の展示の進め方が不当であったことに関し、裁判で三年間闘いました。裁判を通じ、ニコンの中止決定が不当であったことと、ニコンサロンは私企業が所有する施設ではあるものの公的な場所と同様に疎通としての表現の場を守らなくてはならないという判決を勝ち取りました。

愛知県のような公的な組織が文化芸術に対して支援する理由は民主主義に基づく憲法の精神と表現の多様性を保障するためです。右翼の脅迫や政治家の検閲によって展示が中止、撤去されてはいけません。展示された作品を市民自らが鑑賞し判断する権利が守られなければなりません。表現の不自由を象徴する壁を取り除き、あいちトリエンナーレ2019「表現の不自由展・その後」の再開をし、表現の場を市民たちに返してもらえるように求めます。

二〇一九年八月一五日

あいちトリエンナーレ2019「表現の不自由展・その後」参加アーティスト　安世鴻

声明

国際美術館会議(以下CIMAM)は、あいちトリエンナーレ2019が「表現の不自由展・その後」の展示の中止を決定したことを深く懸念している。政治家や、展示の閉鎖を直接求めた河村たかし名古屋市長の要求に対して決定された展示の中止は、芸術家の表現の自由に対する侵害である。企画展で展示されていたのは日本の美術館から、あるいは検閲または自己検閲により閉鎖された展示会から排除された芸術作品のコレクションであった。

CIMAMは、八月六日に発表された声明にあるとおりに、トリエンナーレに参加する大多数のアーティストたちの要求が満たされるよう求める。彼らは三つの要求をした。第一に、あいちトリエンナーレ2019が政治的圧力および脅迫からの自律性をすぐさま回復すること。第二に、スタッフおよび来場者すべての安全の保障のもとに展示を継続すること。第三に、参加アーティストを含めたあらゆる人々に開かれた自由かつ活発な議論の場を設けること。

CIMAMは、企画展が政治的恫喝や威圧によって閉鎖されたことに対し、強く抗議する。しかし争点はこれにとどまらず、企画展の背後にあるキュレーション上の前提について熟考すること、また、表現の自由が求めていたものが現在完全に切り崩されたのだと明確に認識することが求められる。

CIMAMはあいちトリエンナーレに対し、自らが掲げた公約を尊重するよう要求する。具体的には、企画展の再開のために適切なセキュリティ対策を講じること、また、アーティストたちが求めた、反省のための、また自由かつ活発な議論を行うための開かれたプラットフォームを設置するために、積極的に動くことの二点である。

二〇一九年八月二七日

国際美術館会議　二〇一七～一九年諮問会議、美術館検証委員会

私たち韓国文化芸術委員会は、表現の自由がもつ本質を理解できず、企画展に暴力と脅迫で圧力を加えた勢力の軽薄さとともに最後まで作家と展示を守るべき義務を放棄して、政治的圧力に屈して、任意に《平和の少女像》の展示を中止した「あいちトリエンナーレ」主催側に強く遺憾の意を表し、次のように立場を述べる。

私たち韓国文化芸術委員会は記憶する。私たちは、世界大戦の時、ドイツナチスの理想と反する芸術家と芸術作品を退廃芸術として烙印を押し、あらゆる展示場から追い出した暴挙を記憶する。

私たちは、文学作品が自分たちの考えと違うということから始まり、芸術をはじめとする表現の自由を抑圧していた、いわゆる文化大革命を記憶する。

私たちは最近、大韓民国で芸術家たちの自由な表現を理由として芸術家の名前を名簿に登載し、国家レベルでの不利益を与えたブラックリスト事件を記憶する。

検閲と統制、暴力と脅迫によって、自分たちの考えと異なる芸術表現を抑圧することができると信じて

いた愚かな行為が、人類の歴史の中で永遠に恥ずかしい記録として残っていることを、私たちはまた忘れずに記憶する。

そして今、もう一つの恥ずかしい記録が歴史に記載されることを、私たちは懸念をもって見つめている。この間、タブー視されてきたテーマを扱った芸術表現を集めた「表現の不自由展・その後」企画展で《平和の少女像》をはじめとする芸術作品の展示が外部の圧力で中断されたことがそうである。表現の不自由を批判するために企画された展示が、逆説的に、異なる考えを容認する表現の自由を毀損している。

芸術は、時代の支配的な言語を反復し踏襲するのではなく、その表現に疑問を抱いて、その中で不足している部分を補う。政治が耐えられない部分がまさに芸術の領域である。したがって芸術は社会を支配する態度に衝突する、異なる態度が持つことができる最後の避難所となる。

「表現の不自由展」が実行できるということは、社会が自ら自分の欠陥をなおすことができる機会を提供するという点で、それ自体が健全さの兆候となる。同時にこれにより、これまでの世界を別の方向に認識することができる新しい視点が生成される。

自己正当性が不足している社会であるほど、恐怖が先に立ち、検閲と暴力を介して異なる考えを抑圧するものである。政治的事案を理由に検閲を禁じる表現の自由が、世界各国の憲法が保証する最優先の基本権である理由もこれと同じである。

許可を前提とした芸術表現の自由は、今日、不可能な概念である。

私たち韓国文化芸術委員会は、私たちの時代が再び芸術表現の自由を守れなかったという恥をさらさないため、「あいちトリエンナーレ」の処分に同意せず、《平和の少女像》をはじめとする他の芸術作品がどんな条件もなしに、直ちに展示されることを主催者側に要請する。

間違いを犯したのは人間だが、それを修正できるのも人間である。

そのときまで私たちは私たちの意見を、可能なすべての場所に伝え、表現の自由を擁護するあらゆる人々とともにする。恥の再生産はもうやめにするときが来たのだから。

二〇一九年九月二日

韓国文化芸術委員会

（訳：岡本有佳）

（財）光州ビエンナーレは、あいちトリエンナーレ2019で《平和の少女像》が含まれている「表現の不自由展・その後」企画展中止について深刻な懸念と遺憾を表明する。

この事態は、日本の政権与党を含む主流政界が全方位的に圧力を行使しただけでなく、行政機関が一方的に展示中断を通知することにより、芸術家の表現の自由を阻止し、点検した暴力的な事案である。「表現の不自由展・その後」は、これまでの日本の公共美術館で展示を中止されたり、途中撤去された作品らで企画された展示である。しかし、今回の展示中止の事態により、アーティストや芸術作品、企画者と展示が開催された自治体の自律性と名誉を毀損してしまった。

ビエンナーレは、常にその時代の芸術の「電線」を取り上げてきた。つまり、ビエンナーレは同時代美術の流れを示す次元を超え、制度圏の中で扱いにくい政治・社会的な問題を、様々な視覚芸術の論争に広げ出す国際現代美術の「葛藤的」な場である。今回愛知トリエンナーレの展示中止決定は、こうしたビエンナーレの精神を全面否定するものであり、芸術家の表現の自由を侵害する一方で、キュレーターの企画の自律性を弾圧する行為を犯した。いかなる場合にも、文化・芸術的創作が歪曲された政治的意図で政争の道具になってはならず、芸術的な表現が抑圧されてはならない。

あいちトリエンナーレの展示実行委員会〔訳注：不自由展実行委員会のこと〕は、「日本の「表現の不自由」状況を考えようという企画意図を主催者が自ら弾圧することは、歴史的暴挙」と「戦後日本最大検閲事件になるだろう」と述べた。本展示に参加したパク・チャンキョン、イム・ミヌク作家もトリエンナーレ側に作品自主撤収および展示中断を要求しており、他の日本人作家も抗議の共同声明を準備中だ。

ここに(財)光州ビエンナーレは、あいちトリエンナーレが持続可能な国際現代美術展で確立されるためには、世界の市民の可視権を剝奪し、憲法に反するような行動に深く反省し、一日も早く展示を再開することを促すものである。

二〇一九年八月六日

(財)光州ビエンナーレ

(訳：岡本有佳)

あいちトリエンナーレ2019「表現の不自由展・その後」の展示は続けられるべきである

制作者が自由に創作し、受け手もまた自由に鑑賞する。同感であれ、反発であれ、創作と鑑賞のあいだに意思を疎通し合う空間がなければ、芸術の意義は失われ、社会の推進力たる自由の気風も萎縮させてしまう。

あいちトリエンナーレ2019「表現の不自由展・その後」で展示された《平和の少女像》その他に対し、河村たかし名古屋市長が「(展示の)即刻中止」を求め、菅義偉内閣官房長官らが同展への補助金交付差し止めを示唆するコメントを発している。

行政の要人によるこうした発言は政治的圧力そのものであり、憲法二一条二項が禁じている「検閲」にもつながるものであることは言うまでもない。また、それ以上に、人類誕生以降、人間を人間たらしめ、社会の拡充に寄与してきた芸術の意義に無理解な言動と言わざるを得ない。

いま行政がやるべきは、作品を通じて創作者と鑑賞者が意思を疎通する機会を確保し、公共の場として育てていくことである。国内外ともに多事多難であればいっそう、短絡的な見方をこえて、多様な価値観を表現できる、あらたな公共性を築いていかなければならない。

二〇一九年八月三日

一般社団法人日本ペンクラブ　会長　吉岡　忍

「表現の不自由展・その後」の展示中止についての緊急アピール

私たちは、あいちトリエンナーレ2019「表現の不自由展・その後」が、テロ予告や脅迫まがいの攻撃にさらされ、中止に追い込まれたことを表現者として強く危惧します。

もとよりこの企画は、日本の公立美術館で展示を拒否されたり、撤去されたりした作品をその経緯とともに展示し、個々の作品への賛否を超えて「表現の自由」についての議論を活発化しようとする試みでした。その趣旨が試される間もなく、威嚇に屈した今回の事例は、日本の「表現の不自由」さを世界にアピールするだけでなく、国内での表現活動のさらなる萎縮を招くことにつながりかねません。

このような状況をいっそうあおったのは、河村たかし名古屋市長と菅義偉内閣官房長官の発言でした。河村氏が展示の即刻中止を要求し、菅氏が補助金交付の是非にまで踏み込んだことは、行政による「表現の自由」への介入にほかなりません。「行政の気に入らない作品」が展示を認められず、助成金も受け取れないことが通例となっていくならば、憲法二一条に禁じられた「検閲」の実質的な復活です。このようなことが、民主主義のルールを無視した為政者の介入によって、喧騒の中で既成事実化されることは看過できません。

憲法第二一条における「言論・表現の自由」の重要な核心のひとつは、「政府を批判する自由」の保障です。自国の現在、自国の過去について、批判的な表現活動が安全に行えないような国が、民主主義国と言えるでしょうか。

私たちは、表現者に規制をかけ、表現を妨げる側の行為を助長させる結果となった、「表現の不自由展・その後」の展示中止を、私たちの表現活動に関わる問題として、この国の民主主義の危機としてとらえます。そして、この展示をめぐる、河村市長、菅官房長官の発言に、改めて抗議します。

行政が表現の場を提供した今回のようなケースでは、まず、行政は毅然とした態度で、他の公権力も含むあらゆる妨害から、表現を守るべきです。匿名・不特定多数の「脅迫」や「嫌がらせ」が存在するならば、それに妨げられることのないよう手段を講じ、安全を十分確保し、開催可能な状態に持っていくべきです。

異論や反論があったとしても、表現の場までは奪わずに、言論をもって対抗し、情報の多様性は残しておく。これこそが、行政のとるべき態度であり、歴史に学ぶ知恵ではないでしょうか。

二〇一九年八月六日

一般社団法人 日本劇作家協会

アムネスティ・インターナショナル日本支部声明

国際芸術祭「あいちトリエンナーレ2019」の企画として八月一日より開催されていた「表現の不自由

展・その後」が、数々の政治的な圧力や匿名の脅迫行為などの攻撃によって中止に追い込まれた。アムネスティ・インターナショナル日本は、公人による発言や匿名の脅迫者による圧力によって市民の表現の自由が侵害されたことに深刻な懸念を表明する。

この企画展における展示に「慰安婦」問題や天皇制などを題材とした作品が含まれていることが明らかになると、それらの展示を問題視する発言がインターネット上に現れた。八月二日には、菅官房長官と柴山文科大臣が同展を問題視して、芸術祭に対する補助金支出の見直しに言及した。河村たかし名古屋市長は同展を視察した上で、展示中止を求める「抗議文」を愛知県知事に提出した。自民党の国会議員らも展示は政治的プロパガンダであるとの意見を表明した。あいちトリエンナーレ実行委員会事務局には、メールや電話で多数の抗議が寄せられ、中にはテロ予告や脅迫もあったとされる。こうした状況下で、実行委員長の大村秀章知事と津田大介芸術監督は、八月三日に同展の中止を発表した。

自由権規約（国際連合 市民的及び政治的権利に関する国際規約：日本は一九七九年に批准）第一九条は、締約国に対して、表現の自由の権利を保障すべき法的義務を課しており、特に公人は、表現の自由を保障し尊重する法的義務を負っている。しかし、官房長官、大臣、国会議員、市長らの今回の言動は、この法的義務に違反して同展中止に政治的圧力をかけるものであり、同展企画者および出展者の表現の自由を侵害するものである。

国連自由権規約委員会の一般的意見34（二〇一一年）は、「締約国は、表現の自由についての権利を行使する人々を封じることを目的とした攻撃に対し有効な措置を講じなければならない」と述べており、日本政府には、同展への攻撃に対して、関係者の安全を保障し、脅迫行為については捜査を行うなど、表現の自由を守るための具体的かつ有効な措置を取る責任がある。日本政府は、「表現の不自由展・その後」に向けられた脅迫や攻撃に対して、同展関係者およびあいちトリエンナーレ全体の安全を保障し、表現の自由を守るために具体的な措置を講じるべきである。

「表現の不自由展・その後」が中止に追い込まれて以来、実行委員会メンバーや、同展参加者を含むあいちトリエンナーレ参加アーティストらから、同展の再開や安全の確保を求める声が上がっている。アムネスティ日本は、「表現の不自由展・その後」における表現の自由の侵害を助長した複数の公人の言動に強く抗議するとともに、日本政府に対して、同展が再開できる環境を早期に整えるために必要な具体的措置をただちに取り、表現の自由を守るための有効な措置を取る責任を果たすよう強く求める。

二〇一九年八月八日

アーティストからのメッセージ

「表現の自由」を実現するのは人の意思に他ならない

イトー・ターリ

「表現の不自由展・その後」があいちトリエンナーレ2019で開催されると直前に知り、対応は大丈夫だろうかと、二〇一五年の「表現の不自由展」のトークに参加していた私は複雑な思いをもった。

私がそう思ったのは《平和の少女像》についてだ。軍が関与した「慰安婦」の存在を否定したい者たちが歴史的事実を捻じ曲げ、敵視の象徴としている「少女像」。慰安婦にさせられた少女たちへの愛情を込めた作者の思いや、それが作品であるという敬意をみじんも持たない者たちの存在。二〇〇〇年の女性国際戦犯法廷の後、日本軍「慰安婦」についての展示やイベントがあることを嗅ぎつけた在特会が、集会所の前で汚い言葉を浴びせることが頻繁に起こり出した。九〇年代の末から始まったジェンダーバッシングと相まって、安倍政権は第一次政権においては歴史教育から「従軍慰安婦」を削除した。第二次安倍政権の日本軍「慰安婦」への態度は周知の通りだ。「表現の不自由展・その後」実行委員会と津田大介芸術監督の間でどのような話し合いがあり、内容が決められたのかは知らない。しかし、「慰安婦」についての集会や展覧会の開催にどれほどの注意が払われてきたかを見てきた私は、県や芸術監督に認識の甘さがあったと思っている。天皇の表象と「少女像」の二つに反応が集中することは予想できたと思うし、「不自由展」実行委員会は脅迫への対応を訴えたはずだからである。

他の検閲を受けた作品が発していたメッセージまでも、中止という方法により、人々に伝えることができなくなったことはとても残念に思う。そのあたりのバランスというものをどのように考えていたのだろうか。

事件は政治家たちの検閲が引き金となって起き、あいちトリエンナーレ実行委員会は自分たちが検閲したのではなく、脅迫に対応しきれず中止したと弁明した。権力が公金を振りかざして国民への恫喝を恥もなく行った事件となってしまった。

日常的に「検閲」が行われているのは、行政と接する現場が多いのではないだろうか。私の身に負荷のかかった検閲はそうだった。セクシュアリティを問うパフォーマンスで、「レズビアン」という言葉は使うなという検閲が、市民には早すぎるからという理由で行われた。また、略歴に「慰安婦」を扱ったパフォーマンスについて記載すると、それを削除されるという検閲にあった。混乱が起きたら他の市民に迷惑がかかるからという理由だった。

市民が情報や表現をそのまま受け取ることができないのは「検閲」のためと言っても過言ではない。こんな経験もあった。パフォーマンスの記録を上映する機会を美術館で得た。内容は「慰安婦」のことも含まれていたので、上映には私自身不安を持っていた。観客のクレームと同じように、美術館幹部の目もある。キューレーターや職員の方々の努力もあって、クレームもなく、胸をなでおろした。

あいちトリエンナーレは国際レベルの大きな展覧会だ。このような街をあげてのお祭のような展覧会では開催地の美術館は貸しスペース的な役割を担うというが、美術館のキューレーターたちが展覧会作りに参加できないのでは、作品に自由度を保障することは困難ではないか。

「表現の自由」を実現するのは人の意思に他ならず、簡単に手放してはいけないものだ。私は中止になって一か月が経った九月三日からスタンディングを駅前で始めた。「再開に連帯する」というプラカードを持って。

イトー・ターリ　パフォーマンスアーティスト。作品に《自画像　Self Portrait》(一九九六年)、《ひとつの応答——ペ・ポンギさんと数えきれない女たち》(二〇一〇年〜)他。

不服従を貫くこと

前山　忠

美術表現は、作品を完成させた段階で終わりではない。いつ、どこで、どういう方法で発表・展示するかを含めて表現なのである。著作権を持ち出すまでもなく表現及び作品に占める作者の存在はそれほど重い。別の言い方をすれば、作品は作家にとってかけがえのない表現であると同時に、自己を貫く最大の武器でもあるということだ。これを相手に委ねたり手渡してはならない。これは不服従を貫くことであり、作家の良心でもある。

思い起こしてほしい。かつて奴隷制時代にあってその鎖を断ち切って「逃亡する」のは立派な抵抗闘争であったことを。支配(者)に服従した生き方をやめる、つまり「言いなりにならない」「従わない」という不服従の実力行使なのだ。脱北者や難民同様に「逃亡」は決して敗北ではなく、優れて抵抗と自主・自立のたたかいなのである。

今回の「表現の不自由展・その後」の中止事件では、いち早く海外作家が作品撤去や封鎖をもって抗議行動に出たのに対して、日本の作家の反応と行動はきわめて鈍い。ともすると日本では、公立美術館等での作品の一部撤去がまかり通り、作家はそれに抵抗するよりも自己保身に走る悪しき傾向が強かった。要するに主催者側からのクレームや撤去要請という圧力に屈して、作品の展示継続を優先してしまうのである。残念ながらそれは妥協であり、屈服である。

私もかつて展示作品の一部を都美術館によって撤去された経験がある(一九七一年第一〇回現代日本美術展)。反戦旗と反戦ビラと反戦ステッカーを展示した一連の作品の中で、カンパを募ったのが美術館運営規則違反としてカンパ箱と呼びかけパネルを一方的に撤去された。それに抗議して会期途中で全作品を自主撤去した。それは今でも間違っていなかったと思っている。

〈自由〉は、憲法で保障されるから自由があるのではない。自由を求める人々の意志が長い闘いの歴史を経て法(憲法)に表現(結実)されたものである。自由は与えられるものではなく、たたかい取るものであり、自由な行為・行動によってのみ生きて働く。

確かに憲法21条では「表現の自由の保障」と「検閲の禁止」を謳ってはいるが、「これを保障する」そして「これを侵してはならない」の主語はいったい誰か? 言うまでもなく国家(権力)である。国家(権力)が自由を保障し、権力による侵害や弾圧から「個人」の「表現の自由」を守るべく、国家にその義務を課しているのだ。文化庁が補助金不交付を表明するに及んで、表現の自由だけでなく文化そのものをまったく理解していない国家のお粗末さと横暴は極まった。

展示を中止したのは誰か、もちろん市民を名乗る脅迫者でもなければ、ましてや作家ではない。紛れもないトリエンナーレの実行委員会である。すなわち公的な行政及び背後で支えた政府(国家)の側である。これを「検閲」と言わずして何と言うか。本来、国民の自由を守るべき自治体や政府が、作家の表現の自由や国民の見る権利を奪い、テロや脅迫する者を守るという転倒かつ誤った対処に暴走したのだ。

今回の問題は、芸術にとどまらない日本社会の民主主義の根幹に関わる問題でもある。「表現の自由」は報道、思想、良心の自由と同じく、人間の生き死にに関わる根源的な「生存権」・「自然権」である。であるからこそ作家と市民は、生存をかけて再開をめざし、それが不可能になった場合には、自主撤去で表現の自由を死守しなければならないと考える。

まえやま・ただし　一九四四年新潟県生。現代美術家。二〇〇〇年から大地の芸術祭　越後妻有アートトリエンナーレに参加。

ヒューマニズムに基づいた思考の可能性を追求する

長澤伸穂

『ニューヨーク・タイムズ』に「あいちトリエンナーレ」に出品されていた「表現の不自由展・その後」が閉鎖されたという記事が出た八月五日、私は名古屋にいた。しかしそれはトリエンナーレ開幕より三日で展示が中止になった直後のことで、展示を見ることは不可能だった。

九月一七日、ホワイトボックス・ハーレム・アートセンター(非営利団体)で「Un-freedom of Expression: Reports on the 2019 Aichi Triennale/A trans-pacific roundtable discussion regarding censorship in the pubic space」という報告会が開かれた。参加した富井玲子氏（在ニューヨーク美術史家・ポンジャ現懇主宰）と由本みどり氏（ニュージャージー・シティー大学ギャラリー・ディレクター・准教授）に後日連絡をとったところ、『新美術新聞』一〇月一日付の「New York 現在通信」の記事が転送されてきた。富井玲子氏はこの緊急報告会の準備で二〇一三年の「あいちトリエンナーレ」のキュレーターの住友文彦氏や Art iT のアンドリュー・マーケル氏などから提供された情報や論考を読んでいるうちに、大きく三つの論点が見えてきた、と書いている。以下は富井玲子氏の「New York 現在通信」からの抜粋である。

〈第一に憲法で保障されている（はずの）「表現の自由」を求めて作家が積極的に動いている。作家たちが問題意識を組織化して ReFreedom_Aichi を立ち上げたのは重要だ。第二は「慰安婦」にまつわる歴史問題で、ナショナリズムからの押し戻しに対して、フェミニズムと人権の視点からは「ジェンダー平等」が浮上する。ReFreedom_Aichi はこの点に踏み込んでオンライン署名運動を展開していて、社会的思考の深まりを感じさせる。第三に、展覧会が〈社会の中の装置〉であることが如実に浮き彫りにされた、と言える。表現そのものだけではなく、その表現と展覧会の外側にある社会との関係を抜きにしてアートは語れないのだ。県が「あいちトリエンナーレのあり方検証委員会」を設置して現在ヒアリングなどを行っているが、徹底した調査を通じて展覧会という〈装置〉の将来を拡げるステップとなることを期待したい〉

富井玲子氏は更に以下のコメントを私によせた。「ニューヨークから見ていて思うことは、近代日本の歴史（慰安婦や御真影問題）への理解を促進することもさることながら、そうした歴史認識にさらされている現在の政治状況を伝えていかなければ、今回の問題の核心を理解してもらうことはできないだろう、ということだ。その意味では、日韓米に本拠をおく明日少女隊の活動や、映画『主戦場』のような取り組みが継続して必要となるだろう」

さらに由本みどり氏は、ホワイトボックスでの報告会のディスカッションの時に、最も重要と考えたことは以下の三点であると報告した。

(1) 芸術文化の助成金は、文化庁から直接出すのではなく、NEAのように基金として独立した機関が、専門家からなる審査委員会に選択を委ねるべき。

(2) 今回の電凸の仕掛け人が一六歳の高校生であったという事実からしても、日本の教育（特に教科書）が政府に検閲され、若者が右翼に洗脳されやすい状況にあることは否めない。これを打開するにはどうしたらいいか、教育者、芸術家、保護者が一緒になって考えることができないか？

(3) 芸術の検閲は世界的に珍しいことではないので、経験のある芸術家や知識者と国際的ネットワークを拡げ、知識と意見を交換した後に、国際宣言のようなものを発し、地球レベルで、芸術、言論の自由についての認識を高めていく必要がある。

ニューヨークのアーティストたちは、「表現の不自由展・その後」は人権の主張と言論の自由について視野を広げることが目的の展覧会であったはずなのに、政治的に権力者の地位にある人々はどのような民主的権利があってこの展覧会が阻止されたのか、疑問に思うと声を揃えた。

私自身もこれまでアメリカ、デンマーク、アラブ首長国連邦、日本などで発表した作品が検閲を受けた経験を持つが、芸術が束縛(restraint)や抑圧(suppression)や弾圧(oppression)に直面した時、我々はグローバルな視野から問題に取り組み、話し合う方法を見つけ、政治的信念や偏見を超え、ヒューマニズムに基づいた思考の可能性を追求することを実践しなければならないと思う。

ながさわ・のぶほ　トランス・ディシプリナリー・アーティスト、ニューヨーク州立大学ストーニーブルック校、芸術学部教授、現在同大学院ディレクター、二〇一六年以降演劇学部兼任教授　ニューヨーク在住

まずは人として

チョン・ユギョン

ここでは「表現の不自由展・その後」が「市民」に攻撃を受けた際に、国内参加作家や担当キュレーターがとった態度に対して批判的言及を行いたい。歴史修正主義や差別発言、公権力の「脅し」も許せないが、それらに対して作家たちが抗議できないことに私は憤りを感じている。

私は在日韓国人でありアーティストでもあるので、今回の攻撃はあいちトリエンナーレの問題だけではなく、私の問題でもあった。

たとえば、私の作品が美術館にコレクションされたとき、「市民」から「在日韓国人の作品をなぜ税金で購入しているのか」とたくさんの電凸があったとする。そのとき、今回の国内参加作家たちはどんな態度をとるのだろう。人として抗議の声を上げてくれるのだろうか。もしくは在日韓国人の作家は面倒な事態が起こりうるから扱わないと、美術館側の意識に検閲が内面化されているかもしれない。「不自由展」への攻撃を説明不足やキュレーションの責任にする参加作家たちの言葉に、たくさんの不安が頭をよぎった。

私から見ると、国内参加作家たちがとったさまざまなアクションは、何が問題なのか的を絞れておらず、うやむやにした印象だ。検閲は問題だし、アクションはいろいろな方法があってもいい。しかし、それは同じ方向を見つめている場合に限る。

国内参加作家たちは、あたかも自らが被害者であるように、「表現の自由が侵された」と語るが、間違った歴史認識、公権力の差別扇動がそもそもの出発点であり、被害者はそこに存在する。差別に抗議しないのは、加害に加担しているということだ。

村上春樹のエルサレムでのスピーチ「壁と卵」でたとえるなら、壁に付着している苔でしかない。このような認識を作家たちが持たない限り、今後の発展は期待できないし、教訓は何も得られないだろう。

そして、文化庁は補助金交付中止を発表した。

結局、作家たちのアクションは、「中立」や「対話」などのきれいな言葉を使ってヒロイズムに浸り、検閲に立ち向かったという承認が得たいだけで、中身は何一つなかったのではないか。歴史修正主義者や差別主義者に「策を練る」時間を与え、不交付決定にアシストしたのは国内参加作家たちではないだろうか。

そして、そもそも先頭に立つべきはキュレーターであり、作家が「戦っている」状況もおかしい。安全なポジションで社会を語り、いざと言うときに何もできず、責任のなすりつけばかりする姿にがっかりしている人はたくさんいるだろう。

この状況において、作家やキュレーターという地位はそんなにすばらしく大事なのだろうか。いままで作家たちはアートを通して社会に問うてきた。そしていまは、社会からアートが問われている状況だ。しかし、アートにもやはり問題提起を受け入れる土壌がないことがハッキリとした。だとすれば、アートにこだわらず、人としてまずは抗議の声を上げていくしか方法はないのではないか。そう私は考えている。なぜならこれはアートの問題ではなく、日本社会の問題なのだから。

一九九一年兵庫県生。在日韓国人三世のアーティスト。ソウル、東京を中心にアーティスト活動を行う。

第Ⅱ部

日本社会の不自由

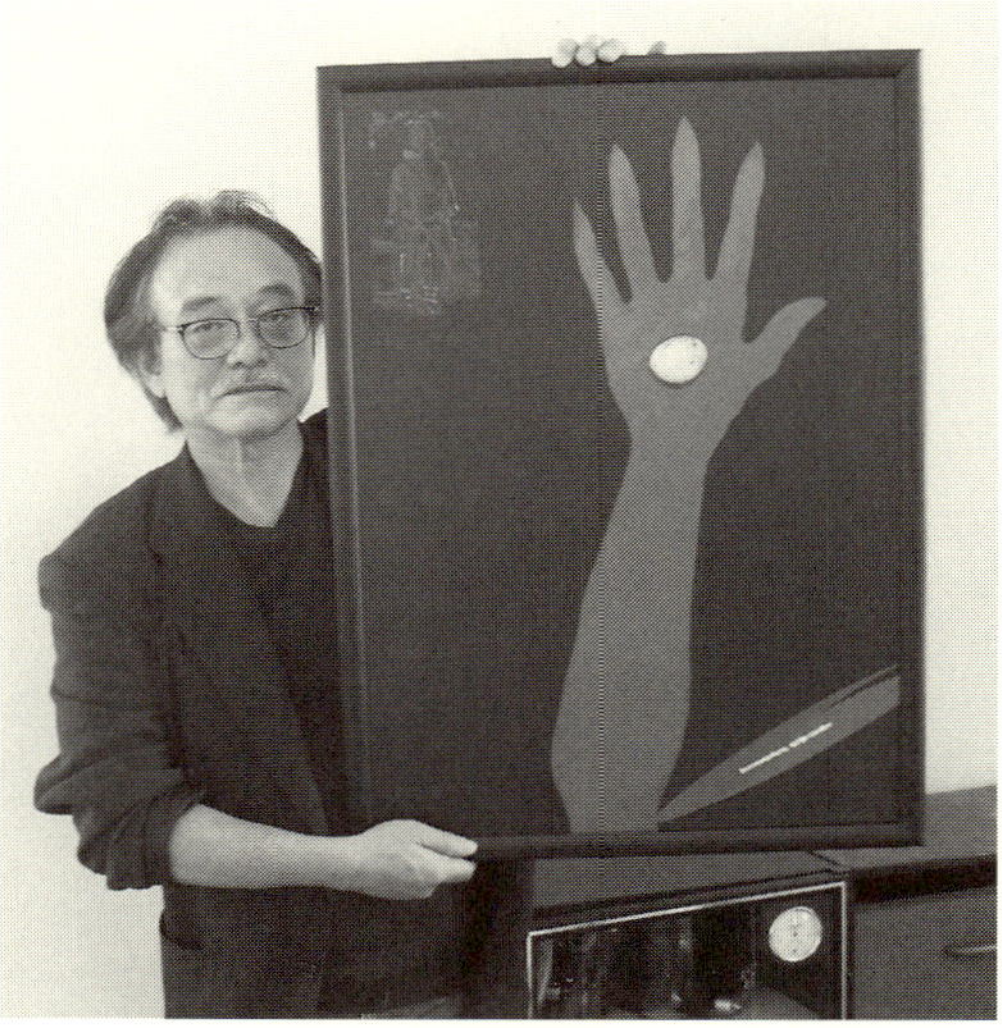

三重県伊勢市が「伊勢市美術展覧会」(2019年10月29日〜11月3日，伊勢市観光文化会館)で展示を認めなかった，「慰安婦」をイメージした写真を素材にした作品《私は誰ですか》を手にする制作者の花井利彦さん(2019年10月30日，三重県伊勢市，共同)

第5章　ナショナリズムを資源とする政治

中野晃一

日本の「いま」を表した展示中止

あいちトリエンナーレで起こった企画展の展示中止は、日本の「いま」を表している歴史的な事件だと思います。

二〇〇〇年代に小泉内閣での靖国参拝問題、また民主党政権時代には尖閣諸島で中国漁船衝突事故があるなど日中関係が悪化しましたが、たとえ世間に嫌中・嫌韓が渦巻いていたとしても、政権は少なくとも一定の距離を置いてはいた。いちばんの劣化であり、同時に怖いところとも言えるのは、政治家が、平然とナショナリズムを資源とするようになったことだと思います。

しかし同時に、それは決して安倍政権が始めたことではなく、経年劣化のような、これまで積み重ねられてきたものが安倍政権に至って噴出したといえるでしょう。一九九〇年代後半から、基本的に日本と東アジア諸国の関係は良好とは言えず、中国、北朝鮮、韓国のどこを「敵視ナンバーワン」にするかという状態にありました。拉致問題や核開発によって北朝鮮がターゲットになることもあれば、中国が尖閣問題や歴史教科書問題で焦点化することもあり、また、韓国とは「慰安婦」問題を解決できず、独島・竹島問題を抱えてきました。

それでも一応政権側が距離を置いていたのは、政権を担い続けていくためには、その敵意をいずれは抑え込んで、軟着陸させせなければいけないと考えていたからです。

しかし安倍政権は後先を考えていない。未来永劫安倍政権を続けるのか、後は野となれ山となれという感覚なのか、自民党の党利党略ですらない。ショート・タームの政治が極限に来ているという点で、自民党の長期政権の中でも特異な状態だと言えるでしょう。

そして、さらに情けない話ですが、今とめどなく日韓関係が悪化しているのは、アメリカがブレーキをかけなくなっているからです。日本の歴代政権はアメリカに抑えられて、そのお墨付きを与えられる範囲内で動いてきました。特に韓国は共にアメリカの同盟国であり、米韓日の同盟によって中国、北朝鮮、ロシアに対峙していくというのが基本戦略です。トランプ大統領は気まぐれでもあり、東アジア全体から軍事的に引いていこうという気配もあって、それほど日韓関係にコミットする様子は見えません。

一方、野党の状況を見ると、二〇〇九年に政権に就いた民主党が、沖縄の辺野古新基地をめぐる失敗などから立ち直れずに、三年三か月で終わってしまいました。五五年体制時の社会党は、中選挙区制の下で安定的に当選できる政治家がいたために、安全保障を含めた独自の外交政策があり、必ずしも票にはならないが一定の論点を提示することができました。鳩山内閣の入口でのつまずきによって、当初掲げられた東アジア共同体構想は潰えました。多くの野党議員がそこから過剰学習して「現実志向」になってしまい、現状に異論を述べるような見識も気概もない、それが政府にフリーハンドを与えているのです。

それはメディアも同様で、民主党政権時の二〇一〇年、「報道の自由度」ランキングで日本は一八〇国・地域中一一位でした（二〇一九年は六七位）。しかし第二次安倍政権では、ＮＨＫ、朝日新聞が集中的に攻撃されたこともあって、韓国の肩を持っていると見られるのが怖しい。一定のクオリティや信頼をもって世論を牽引していたメディアが、政権に首根っこを掴まれているような状態です。このように、安倍首相自身が言っていることはそれほど変わらないけれど、党内でも党外でもブレーキが効かない状態になっているのです。

心おきなく嫌韓を煽れる構造

いま安倍政権の政策はほぼ全面的に行き詰まっています。復古的な立法をほとんどやり尽くして残るは憲法改正ですが、さすがにそのハードルは非常に高く、いつのまにかアベノミクスという語を発しなくなったように経済指標も悪い、対ロシア外交もめぼしい成果がありません。その世論の目先を変えようと、輸出規制など嫌韓を煽る政策を採っているのです。

そして、北朝鮮でも中国でもなく、韓国という存在が都合がいいという面があります。北朝鮮については、核開発をめぐる米朝交渉が膠着状態とはいえ、もはや日本だけが蚊帳の外です。少し前までは、圧力あるのみだと他国に北朝鮮との断交を迫るような勢いだったのに、「条件なく対話する」と言わざるを得ない状況に追い込まれています。

日本はトランプ大統領から貿易で圧力をかけられており、米中経済戦争とも無縁ではいられないので、中国敵視もできません。そして、何より反日デモ当時の二〇〇五年とは大きく違い経済的にも国力からも、もはや大国・中国にはかなわないという諦めがあります。その格好のところに韓国がいる。先に述べたように日韓両国はアメリカの同盟国ですから、韓国との間で戦争は起きようがない。だからこそ心おきなく嫌韓を煽れるという妙な火遊び感があるように感じます。そこに一九〜二〇世紀に先祖返りしたような蔑視感が炸裂していますが、一人当たりGDPを比較すると、日韓基本条約が締結された一九六五年は日本の七〇〇ドルに対し韓国は一〇〇ドル、二〇一八年には日本の三万九〇〇〇ドルに対し韓国は三万一〇〇〇ドルと、もはや対等です。

ところが安倍政権も含めて日本を牛耳っている年配の男性層、オッサンたちの意識はいまだにアップデートされず、韓国は日本を模倣している劣った国だと認識しており、そこが韓国の認識と決定的にずれていきます。男性読者を対象とする雑誌やWebメディアの韓国叩きはすさまじいものがありますが、こんな醜悪で時代遅れな差別意識がエコーチェンバーで受ける世界があることは、問題になった『週刊ポスト』の「韓国なんて要らない」特集からも見えてきました。

先ほど触れたように、冷戦終結後日本の政権は結局、アジア重視ではなく対米追従の道を選びました。アメリカが本当に一強であり続けるならばそれも意味があったかもしれません。しかし、習近平とトランプは熾烈な経済戦争に入り、世界中が中国の脅威を注視していて、当のアメリカは東アジアへの軍事的コミットメントを低下させようとしている現在、韓国と敵対したまま東アジアで日本の立場を作れるはずがないのは明らかです。また、北朝鮮の核およびミサイル開発について日本が確度の高い情報を得る回路は韓国しかありません。これらの点から見ても、現政権には長期的なビジョンが一切ないことが滑稽なまでに暴かれています。

デマによる「新しい無知」

これまでテレビのワイドショーは主婦向けでしたが、いまはリタイヤして家にいる男性向けにシフトしていると言われ、韓国の法相についての疑惑など嫌韓報道は驚くほどです。日々それを見ている人の政治意識と成果なき現政権への支持の高さは重なるのではないでしょうか。未来に責任を負っていない人たちが嫌韓を楽しんで消費しているという面があり、イギリスのブレグジットと似た現象かもしれません。国民投票では一八～二四歳は七二％、二五～三四歳では六二％が残留、六五歳以上は六〇％が離脱に投票という年齢による明らかな差異がありました。

あいちトリエンナーレでは、《平和の少女像》や「天皇の肖像」に関わる展示に対して抗議する電凸や脅迫が行われました。しかし、そのほとんどは実際の展示を見ていない人びとによるものです。外交的・政治的リアリティがないところで、ヘイトのボルテージだけがすさまじく上がっていく――ここに「新しい無知」のかたちがあると思います。

よく言われるように、日本の教育では圧倒的に近現代史の知識が欠落しています。「慰安婦」問題や徴用工問題の根幹にある植民地支配については圧倒的に歴史的な無知があります。

これに加えていま、新しい無知状態が生じているのではないか。トランプの手法や歴史修正主義に特徴的ですが、フェイクニュースやデマを繰り返すことによって、多くの人が「知っていたはずの知識さえわからなくなってしまう」という、無知状態に上書きされてしまうのです。圧倒的な量のデマが送り込まれることによって、両論併記というかたちでデマが論の一方として成立し、結果として何が本当かよくわからなくなってしまう思考停止状態に陥るわけです。

多くの人は、トランプや杉田水脈の主張が正しいと確信を持っているわけではありません。ただ新しい無知状態に置かれて、フリーズして判断できなくなっている。そのようにして「ポスト真実」という時代が完遂します。マスコミや政治家も同様で、韓国叩きもっとやれという人ばかりではないのに、それを日々大量に浴びるうちに「日本もいい状態と思わないけど韓国も大概だよな」という、非常にカジュアルに嫌韓へと意識が転換されていく。

政党政治の崩壊が生み出したもの

フェイクニュースやポスト真実は日本だけでなく、世界的な傾向です。しかし、自国の近代史についての圧倒的な無知に加え、メディアがこれほど萎縮しているという日本の状態は、他国とはかなり様相を異にしています。

それは政党政治がここまで壊れてしまっている国は、先進国では類を見ないことに起因しています。アメリカは若年で女性のオカシオ＝コルテスのような議員も出てくるし、トランプの疑惑について弾劾もやる。メディアもまた報道の自由を掲げて四〇〇紙が一斉社説を掲載するなど対抗しています。イギリスも労働党が一定の支持を持ち、ＥＵ残留派の自由民主党の支持が上がるなど、決して政治もメディアも翼賛的にはなりません。

ところが日本では民主党政権の崩壊後、衆参両院で約三分の二を自公与党で占め続け、議会によるチェックが機能していません。政権交代の見通しは今のところはないから、そこでまたメディアの腰は引けてしまう。二〇〇〇年代の小泉政権、第一次安倍政権当時は民主党が上り調子で、政権交代以前にも参院選においては与党が負けています。やはり強い野党が存在し、議会が政権を監視するという政党政治の後ろ盾があるからこそ、メディアも政権批判でふんばれるのです。

一九年九月の内閣改造では、新閣僚の「身体検査」をまったくしていないと言われます。実際、加計学園の獣医学部新設について文科省局長に圧力をかけた疑惑のある萩生田光一氏が文科相に就任するなど、野党が参院で多数を占める「ねじれ」状態だったならばありえない人事です。事実、経産相、法相と辞任が続きました。しかし、官邸のメディア支配がここまで貫徹していれば、何が出てきても大丈夫だと思っているようです。

そして、たくさんスキャンダルがあればあるほど逃げ切れるという逆説的な状況にあります。スキャンダルが一つだけなら、それを重点的に報道したり追及したりすればいいのですが、いくつもあると拡散してしまう。だから複数あればあるほどいい、という衝撃的なひどさです。スキャンダルであろうと次々と起こればメディアはそこに引きずられていき、政権批判の決定打になりません。それぞれの疑惑にリアクトせざるを得ないので、野党の側も決定打に欠け、政権が開き直ってまともに答えなければ、いたずらに時間が過ぎるだけで、メディアは「野党は決め手を欠いた」と書いて終わる。そんな悪魔の手法がまかり通るようになっているのです。

戦争体験の継承を消し去ったバブル

自民党の穏健保守の研究をしたときにわかったことがあります。かつての自民党には宮沢喜一、加藤紘一、野中広務といった人たちがいて、保守政党の中にも多様性があり、野党の声も含めて調整型の政治が行われていたが、いまはそういう存在がなくなったとよく言われます。

それは結局、戦争体験の有無なのです。宏池会や田中派(経世会)を支えていたのは戦争体験であり、それに根ざした政治を志向していたが、それが党内で継承されずに雲散霧消しました。河野洋平が河野太郎になってしまったというのが目で見る劣化といえるでしょう。

メディア、あるいは日本社会全体で同じことが起きていて、戦争体験がある人がいたときには、破壊的な戦争に至る歴史や植民地支配や加害に対する贖罪意識がまだ共有されていたと思います。

さらにバブル経済とその崩壊が大きく関わっていると思います。

朝鮮半島の分断を背景としていたことなど反省するべき点が多いという前提の上で、戦後、冷戦構造の中で高度成長を遂げた日本社会は、人口構成や経済規模から見ても、プレバブル期に最もバランスが取れていたと言えるでしょう。

しかし、日本社会においてバブル経済が破壊したものはきわめて大きかった。日本はバブルマネーでニューヨークの不動産を買いあさってアメリカを抜く経済大国になったという幻想を抱きましたが、九一年にはあっけなくバブルは崩壊し、日本経済は長い低迷期に入ります。

この失われた二〇年、あるいは三〇年の間に、日本社会の分断分裂は進行しました。バブル崩壊後に大学を卒業した就職氷河期世代は、あまりに暮らしに忙しく、社会が嫌韓になっているということすら気づく余裕がない人もいます。

日本の外では、ＩＴ産業の勃興によるアメリカ経済の復活や単一通貨ユーロの誕生、またアジア諸国の経済成長、中国の強大化など、大きな変化が生じていました。二〇二〇年代に迫るいま、遅れてきたネトウヨのように、日本はブイブイいわしていたはずなのに韓国はいまになって生意気だというように、多くの人の現状認識のアップデートがなされないことと、戦争体験の継承の上に現在の国際関係があるという認識の欠如が、並行して起こっているように思います。

バブル経済とその崩壊は、反省や贖罪意識といった戦争体験の共有を消し去ると同時に、新たな地政学的・経済的な現状認識に立って日本社会を軌道修正していくことを妨げた。そんな中でエンターテイメントとしての嫌韓コンテンツに走っているとすれば、ここにはかなり根深いものがあると思います。

独善的で内向きの日本社会

グローバル化とさかんに言いながら、二〇〇〇年代以降の日本社会の内向き傾向はきわめて顕著です。かつての日本人は西洋に規範を求め、西洋的な文明に認められ、尊敬されることを目指してきました。さまざまな面で日本は遅れているという意識、コンプレックスがあったのですが、バブル経済の幻想の中で、「ジャパン・アズ・ナンバーワン」の誤解のような傲岸さを身につけ、さらにバブル崩壊後の九〇年代には、西洋よりもアジアへの関心が高まっていきます。二〇〇〇年七月に沖縄サミットが開催され、NHK朝の連続テレビ小説『ちゅらさん』が大人気となるなど沖縄ブームを含め、日本における「アジアの発見」がありました。

いま冷戦後の三〇年を振り返ってみると、必ずしもアジアに対する日本の関わり方、結局のところ戦争による加害に陥ってしまった歴史に向き合うというものにはなりませんでした。同時に、以前にあった西洋に対するコンプレックスのプラスの面がついぞ戻ってこなかったのです。

アジアに生きる国でありながら西洋にだけ目が向いているのはおかしいと、アジアに向かっていったのは重要な気づきだったと思いますが、そこで西洋への視線が消えてしまって、いまや日本は、人権や民主主義という「文明」を目指していないのではないかとすら感じます。

先ほど触れたように、報道の自由度ランキングが六七位にまで下がり、二〇一八年の世界経済フォーラムによる男女平等の度合いを示す「ジェンダー・ギャップ指数」では、日本は一四九カ国中一一〇位です。賃金格差と管理職比率において低スコアで、とりわけ政治参画については、衆院の女性比率が一〇・一％と女性の国会議員が少ないために一二五位と極端に低い。しかし、これも政権交代しない限り一向に改善の見通しがありません。自分たちはもうこれでいいんだという、きわめて内向きかつ独善的な状態になってしまっているように思います。

実はヨーロッパでも九〇年代まで根強いホロコースト否定論がありましたが、特にドイツはそれを克服して、自らの加害責任に向き合っていきます。ヴァイツゼッカー・ドイツ連邦大統領の「過去に目を閉ざす者は結局のところ現在にも盲目となります」（永井清彦訳）という有名な一節を収めた演説集『荒れ野の四〇年』（岩波ブックレット）が日本で刊行されたのは一九八六年です。八〇年代後半から冷戦終結当時は、日本とヨーロッパがシンクロしていて、ドイツは東西が統合し、日本も国際社会でより指導的な役割を果たさなければいけないという自負がありました。そのためにはアジアと和解しなければいけないという流れで九三年の「河野談話」があり、九五年の「村山談話」があった。

決定的に違うのは、ドイツの場合はＥＵによって経済的にも政治的にも大きな変革を迫られたのに対し、日本はバブル崩壊で決定的なダメージを被った後に戦略の練り直しができず、アジアとの和解もできないまま、唯一残ったのが対米追従だったことです。

「輝いている韓国」と連帯する政治家を

しかし、特に若者と女性を中心にK—POPを始めとする韓流コンテンツは爆発的な人気を得ており、二〇一八年の内閣府の意識調査では一八〜二九歳では五七・四%が韓国に親しみを感じると答えています。かれらは嫌韓に溺れるオッサンとは違う韓国を見ている。問題はそれが必ずしも政治的な行為として出てきていないという点です。

その他にも、ヘイトに与するメディアのあり方がいやだとか、日本の人口規模の縮小や経済不振への不安から、有権者には、アジア諸国と和解し共に生きる中で経済発展を目指す政党を求める思いがあると思いますが、なぜ、そうした有権者のインタレストをつかむ政党が現れないのか。

それは、自民党に対抗するような勢力が、基本的に野党としてしか育ってこないからです。民主党にしても、中には社会党や新進党に在籍した人もいますが、党としては連立政権の経験もなく、二〇〇九年に政権を取るまでずっと野党でした。野党でいるかぎり、政治家は自分のやりたい政策だけをやっていればよく、やらなければならないことに対峙して鍛えられるという経験がない。いま野党で外交安保に興味があるのは主に日米安保ムラの人たちで、リベラルの立場で安全保障政策を論じる人が、そもそもそれほどいない上に党内の立場が弱い。

有権者の側から、アジアの中で経済も平和も安全も確保していく候補者を育て、ここに票があるのに無視するのかと世論を可視化していかなければ、政党の側の反応は鈍いでしょう。そして、実際に選挙に勝ち続けられる状況をつくらないといけない。全国の韓流ファンは結集して「韓国は敵ではない」と主張する政治家を育てるしかありません。

ただ、その萌芽はあると思います。韓流ファンから入ってアイドルが身につけるマリーモンドを知り、またアイドルが尊敬し支援する「慰安婦」を知り《平和の少女像》の意味も知って、これって #MeToo じゃないかと思ったという人が実際にいます。そこから歴史を知り、日本について知る回路を持てればまったく構わない。戦争体験の継承がぎりぎりで残っている人たちと韓国ホリックの人たちが嚙み合わなければ、社会や政治を動かす力になっていかないでしょう。

韓国についての意識は世代体験によって違いがありすぎて、市民運動の集会で高齢者に贖罪意識を持てと怒られても、若い世代にはやはり難しい。まずかれらにとっての韓国は輝いていて、素敵で、憧れる対象なのですから。少し前まではこういう世代が出てくることはまったく想像できませんでした。やはり希望は若い世代との連携にあるのだと思います。

コラム3

ある日バスのなかで

深沢　潮

先日、最寄りの駅からバスに乗ったときのこと。平日の昼下がり、車内は空いていて、座席にもかなり余裕があった。出発してしばらくすると、優先席に座っていた七十前後のおじいさん(というより、おじさん、に近い)が、隣に座った八十ぐらいのおばあさんに、「荷物をそこに置くのはやめなさいよ」ときつい調子で言った。

静かな車内にその声は響き渡る。ぱんぱんに詰まったレジ袋を二つ、通路に置いていたおばあさんは、「膝にのせるのは重くてねえ」と答えたが、おじいさんは「すぐにどけなさい。迷惑なんだっ」と叱責した。おばあさんは、重そうにレジ袋を抱きかかえる。

するとおじいさんは鼻を膨らませてあたりを見回した。私はとっさに視線をそらしたが、運転席のすぐ近くに立っていた幼い男の子はおじいさんと目が合ったようだ。

おじいさんは、坊や、とにこやかに話しかけ、「ほら、危ないからここに座んなさい」と立ち上がった。男の子はぶるんぶるんと首を横に振って、傍らの父親を見上げる。「大丈夫です。この子、運転する様子を見たいので」恐縮して父親は答えるが、おじいさんは「いいから、いいから」とねばって、男の子に近寄っていく。男の子は、さっきより激しく首を振り、いまにも泣きそうになっている。「本当に大丈夫です。すぐに降りますし」父親は懇願するような声色で訴えるが、「いいから座んなさい」とおじいさんはしつこい。父親は観念して息子を抱き上げ、優先席に浅く腰かけた。そしておじいさんに向かって、ありがとうございます、と丁寧に頭を下げた。おじいさんは満足そうにうなずいている。だが男の子は父親の胸に顔をうずめていた。

次の停留所のアナウンスがあると、おじいさんは降車ボタンを押し、出口近くに行き立ち止まる。そこでしんとした車内を一瞥し、二人席に一人で座り紙袋とバッグを席に置いていた若い女性に目を止めた。「あんたねえ」とにやにやして話しかける。だが、女性はうつむいて無視した。「そんな座り方するなら、二人分の料金を払いなさい」嫌味たっぷりに言うと、おじいさんは降りて行った。その左手に雑誌『WiLL』を持っていた。

私はおじいさんの背中を見送ると、おじいさんの朝からバスに乗るまでを想像してみた。

年金生活のおじいさんは早朝から散歩に出る。同じマンションに住む中国人がきちんと分別をしているか、地下のごみ収集所でたしかめるのも日課だ。家に戻ると、朝のワイドショーを見ながら妻の作った朝食をとる。食後、トイレをすませてリビングに戻ると、妻がチャンネルを変えていたので、「韓国ドラマを見るのはやめろ」と怒鳴りワイドショーに戻した。むっとしている妻に、「韓国がいかにひどいか」を力説する。だが妻は最後まで聞かず、黙って部屋を出て行った。

ワイドショーを見終わったおじいさんは、あいちトリエンナーレの展示のことを知り、むしゃくしゃして、いてもたってもいられない。番号を調べ、関係各所に電話を入れ、激しく抗議した。少しすっきりしたので、家を出て駅前の書店に行く。オピニオン雑誌を買って、ドトールに立ち寄って読む。

隣の席で女性二人がソウル旅行の計画をたてている。「あんたたち、韓国なんかに行ったら危険だよ」と言おうかと思ったが、勝手に被害にあえばいいと、ほっておく。ドトールを出て蕎麦屋に入る。雑誌の続きを読みながらざるそばをする。そして食べ終えると、駅前からバスに乗った。

（ふかざわ・うしお　作家）

第６章　日本社会が排除し続けてきた少女

北原みのり

「慰安婦」運動の歴史的な場

あいちトリエンナーレ2019の企画展「表現の不自由展・その後」に向けられた主な攻撃の対象は《平和の少女像》だった。「慰安婦」女性たちを記憶することを求めるこの作品への執拗な抗議、その後の混乱、文化庁の補助金付与中止など、一連の反応は、性暴力問題と植民地問題に対する日本社会の無知、無痛そのものに映る。

二〇一一年に「少女像」がソウルの日本大使館前に設置されてから、八年。この像を通して、私は日本の底が抜けていく様を何度も目撃してきたように思う。どうかこれ以上、底が熔けることのないように。そう祈るような気持でこれを書いている。

私は一三年五月、橋下徹の「慰安婦は必要だった」との発言をきっかけに、「慰安婦」問題に対して周辺から傍観するのではなく、この問題に長く取り組んできた活動家や運動団体と積極的に出会い、共にあろうと努めてきた。この国で女性として生きる身として、悔しさに突き動かされたのだと思う。特に韓国の運動家たちとの出会いは、私自身のフェミニズムを改めてみつめなおす時間でもあった。ここでは私が「慰安婦」問題に関わり、身をもって体験したことを踏まえ、「少女像」によって露呈した日本社会そして韓国社会の民主主義の現在について記したい。

「少女像」がソウルの日本大使館前の公道に建てられたのは二〇一一年一二月、一九九二年に始められた水曜集会一〇〇〇回の記念日だった。よく知られているように、これだけ長期にわたる抗議集会は世界にも例がない。初期の水曜集会の映像をみると、被害女性と支援者数人が一列に並んでいる小さなものだったことに、胸を衝かれる。その女性たちに向かって「みっともない」と吐き捨てていく韓国人男性もいたという。性暴力被害者の声が嘲笑され、無視される社会で、「慰安婦」女性とその支援者は雨の日も風の日も、零下の冬も立ち続けた。まさにその声によって、「私も被害者だ」と世界各地で女性たちがたちあがり、闘いの拳は日本政府のみならず韓国政府にも向けられ、国際社会における戦時性暴力に対する認識を大きく変えさせる力になっていった。ソウル日本大使館前は、「慰安婦」運動の現場として歴史的な場所になったのだ。

「少女像」を制作したのは芸術家のキム・ソギョン／キム・ウンソン夫妻、依頼主は挺身隊対策協議会（一八年に正義連と名を変えたが、本稿では挺対協と呼ぶ）だった。このとき、挺対協は作者に具体的な依頼はしなかったという。二〇年に及ぶ女性たちの闘いの「平和の碑」として、それは蝶であっても、抽象的な何かであってもよかった。結果として、小さな両手をぎゅっと握りしめる「少女像」の表現の強さが、「慰安婦」運動をより太いうねりに導いたともいえるだろう。いま、

「少女像」は韓国国内で一〇〇体以上、世界各国で一五体以上が市民たちの手で設置され続けている。その流れはきっと、日本政府がこの問題から目を背けようが背けなかろうが、止まることはないだろう。なぜなら「少女像」はそもそも、日本政府に向けて制作されたものではないから。そしていまも続く紛争地の性暴力への抗議、そのためのフェミニストたちの連帯、性暴力を人権問題として捉える国際的な流れのなかに、「少女像」があるからだ。

「嘘つきの売春婦たちがやってきます」

「少女像」後の日本の現実を振り返りたい。

二〇一一年一二月に挺対協が日本大使館前に記念碑をつくったことは日本でも報道されたが、多くの人の関心を引くことはなかった。当時の野田佳彦首相が李明博大統領との会談で「（少女像設置は）残念だ。早急に撤去を」と述べるなど、決して歓迎ムードではなかったが、野田氏の発言は一部のネトウヨや歴史修正主義者に評価された程度の影響力だった。一方で、嫌韓感情を剝き出しにしたナショナリズムが本格的に、暴力的にくすぶり始めたのはこの年だ。

同年八月、日の丸を手にした人々による、フジテレビ前で韓流ドラマを批判する大規模なデモをテレビで目にしたときの衝撃は忘れられない。東日本大震災で二万人近くもの命を失って間もない夏、原発事故がまったく終息していない状況で、日の丸を手に「韓流番組やめろ」と叫ぶ姿は正気とは思えなかったが、いまにして思えばあの日は嫌韓ムードが社会に可視化された日だった。デモには幼い子を連れた女性や、中高年女性の姿など、これまでのネトウヨのイメージとは違う層がいた。後に彼女たちに取材をしたとき、「(デモ参加の)きっかけは原発事故でした」という人が複数いたことに、私は妙に納得したものだ。

彼女たちはそろって同じ話をした。〝原発事故後、ネットから目がはなせなくなった。そこにテレビが伝えない真実があった。日本に誇りをもちたい〟。原発事故後に愛国に目覚めた人々は、「日本を貶める」すべてを過激に攻撃しはじめた。その最大のターゲットになったのが、国際的に最も知られている「慰安婦」問題だった。それまで歴史修正主義者と一部のネトウヨが熱心に喧伝していた「強制はなかった」「証言は信用できない」「性奴隷ではなかった」という声は、二〇一一年以降、あっという間に広く大きな声になっていった。「少女像」は日韓関係悪化の〝きっかけ〟ではなく、日本の暴力的なナショナリズムの過程に存在したのだ。

二〇一三年、金学順さんが自分は「慰安婦」であったと声をあげた記念日である八月一四日に、新宿で日本政府への謝罪と賠償を求めるデモに参加した時のことは、いまも思い出すと胸が苦しくなる暴力体験だった。それは二五〇人ほどの小さなデモだった。そのデモを囲むように、ほぼ同数の男女が歩道から私たちに向かって喚きつづけたのだ。「嘘つきの売春婦たちがやってきますよ〜!」と女性がかけ声をかければ、「うーそつきのキンガクジュン」「売春が国家産業かーんこく!」、野卑な笑い声を含んだシュプレヒコールが続いた。男が「慰安婦」女性たちの名が書かれた提灯を指さし、「なんて読むの〜? ああ源氏名か〜、がはは」と高笑いしていた。路上ではゴスロリファッションの若い女性が「私たちのおじいさんは、悪くないー！」と泣き叫んでいた。デモ隊に割り込み「ばかなことやってんじゃねーよ」と、私の背中を肘でこづいてきたサラリーマン姿の男がいた。

このデモの三か月前に、橋下徹（当時大阪市長）が「慰安婦は必要だった」と公言していた。メディアはその頃には既に及び腰で、「慰安婦」問題を語るには最大限の慎重さが求められた。何より「慰安婦」問題の何が本当なのかわからない、というような気分が蔓延していた。「慰安婦」問題が性暴力や女性の人権の観点から語られることはなく、女性の話は本当か、日本軍による物理的強制があったのか、ということに焦点が当てられ続けた。

一四年一二月に、朝日新聞が過去の「慰安婦」問題の記事を謝罪訂正したことは、そのような空気にさらに拍車をかけるものだった。強制連行の有無に焦点をおいた謝罪訂正記事は、そもそも強制を狭義の物理的な意味でとらえており、性暴力問題の本質とはかけはなれたものであった。この謝罪が愛国を叫ぶヘイトスピーカーの勢いをどれだけ後押ししたかは計り知れない。

動き続けてきた韓国の「慰安婦」運動

一四年一一月に出版された朴裕河著『帝国の慰安婦』（朝日新聞出版）の存在は無視できない影響力があった。

リベラルな言論人に高く評価され、「第二七回アジア・太平洋賞特別賞」「第一五回石橋湛山記念早稲田ジャーナリズム賞」を受賞した『帝国の慰安婦』は、端的に問題の多い本だった。事実に基づかない伝聞と推測が多いこと、女性たちの証言を切り取って、証言前後の文脈を無視して朴氏の主張に沿うように利用していることなど、研究書としての問題がある上に、朴氏は性暴力問題にあまりに無知だった。移動の自由、職業の自由、住居の自由を奪われた「慰安所」の生活での「ささやかな自由」に焦点をあて、朝鮮人「慰安婦」たちが兵士と対等な同志であった等と記すなど、無知な上に残酷だった。

この本の前書きが強烈な「少女像」批判から始まっていることは、特筆に値するだろう。曰く〝「少女像」によって日韓関係は悪化した〟〝「少女像」は挺対協による運動のためのものである〟〝「少女像」こそが日韓和解を遠ざけている〟〝これからは運動団体が代弁する「被害者」の声ではなく多様な声を聞き、日韓和解に向けて歩もう〟——。こうした主張は、まさに日本政府や歴史修正主義者、そして日本社会の空気によりそうものだった。

一六年三月に東京大学で、『帝国の慰安婦』の批判者と支持者による討論会が行われた。支持者の一人である上野千鶴子氏が「せめて、検察権力に共に抗議はできないのか？」と冒頭に強い調子で言われたのを覚えている。「慰安婦」女性たちに名誉毀損で訴えられていた朴裕河氏を、韓国検察が在宅起訴したことを踏まえての発言だった。私は批判者の立場でそこにいた。強い緊張のなか自分の発言の番を待っていたが、上野氏の発言に一瞬、自分が何のためにここにいるのかがわからなくなった。上野氏の発言は、まるで「表現の自由」の闘いこそが重要であるかのよ

『帝国の慰安婦』を高く評価することへの危惧を訴える声を、表現の自由を規制する検察権力と同じ勢力に一括りにすることで、批判の声を無力化するものだった。朴氏に倣うように「少女像」批判を繰り広げるアカデミアのフェミニストも少なくなかった。彼女たちは「少女像」こそが性暴力被害者のスティグマを深めてきた証拠であるかのように語った。被害者のイメージを「少女」に限定することで、被害者の多様性や主体性を奪っているというのである。同様の議論は九〇年代からあり、また初期の運動団体の一部にそのような傾向がみえた事実があったのかもしれない。しかしそれは、本当にいまの韓国の現実なのだろうか。

韓国の「慰安婦」運動は、この四半世紀で絶え間なく動き続けてきた。「慰安婦」女性たち自身が他国の性暴力被害者を援助し、ベトナム戦争に参戦した韓国軍の性暴力を告発して被害者支援を始め、一五年には米軍基地村で「慰安婦」として従事していた女性たちの国家訴訟に支援と共感の声をあげた。性暴力被害者は語れない、というスティグマそのものを、行動することによって無化し、性暴力を人権問題として議論の俎上に載せた。その運動の歴史が、韓国のフェミニズムを豊かに花開かせたのだ。

韓国では、国際的な #Me Too ムーヴメント以前に、一六年に江南駅で起きた女性を狙った殺人事件に対し、翌日多くの女性たちがポストイットで駅を埋め尽くすなど、フェミニズムが重要なイシューとして力を持った。また「慰安婦」問題を考えるライフスタイルブランド（マリーモンド）が生まれ、K―POPスターが持つマリーモンドグッズに若者たちがさらに影響されるなど、

「慰安婦」問題は、若者たちに女性の人権、フェミニズムの問題として継承されている。いまや若者にとって「慰安婦」女性は、人権活動家として尊敬すべき存在になっているのだ。

それは日本のフェミニストが言うように、「慰安婦」女性が「完璧な被害者」だからではない。性暴力問題を考え、痛みに寄り添うことがフェミニズムであることを、「慰安婦」女性たちと、その支援者たちが韓国社会に伝え続けた結果だ。そのような現実を見ることもなく、「少女像」批判を繰り広げる日本のフェミニストたちは、「慰安婦」問題をどこに導こうとしているのだろう。私はフェミニストとして、自分の足下が崩れていくのを、「少女像」の議論を通して突きつけられた。

日韓合意という分かれ道

二〇一五年一二月二八日、日韓合意が発表された。

安倍首相と朴槿恵大統領(当時)が電話で交わした日韓合意で、安倍首相は、「慰安婦」問題を「不可逆的に解決する」とし、韓国政府が「慰安婦」女性を支援する「和解と癒し財団」設立のための費用として一〇億円を提示した。そして日本大使館前の少女像撤去を要求した。

いまから思えば、一五年一二月二八日は、日本と韓国の民主主義の大きな分かれ道であった。日本社会が合意をゆるやかに歓迎し、「新しい日韓関係」を祝福するムードだったのに対し、韓国の市民社会の動きは迅速だった。「少女像」の周りに学生たちが集い、寝ずの番をはじめたのだ。翌年六月九日には市民たちが集い、「和解と癒し財団」に対抗する「正義記憶財団」を設立した。その名前には、被害者が求めているのは謝罪と賠償のない和解でも癒しでもなく、ましてや忘れられることではない。求めるべきは自分たちの声が届く正義、そして記憶であるという意思が込められている。日韓合意によって市民が結束したことが、民主主義の本質に向き合い、朴大統領弾劾への引き金になったことはいうまでもない。

一方、「少女像」が誕生して以来八年のうち七年間も継続してきた安倍政権は、積極的にナショナリズムを利用し、嫌韓感情を野放しにしてきた。「金は払う。だから語るな」と「問題」を強制終了させ、「少女像」がまるで日韓関係の鍵を握る存在であるかのように喧伝した。「少女像」を日韓関係の真ん中に置き、日韓合意後において「慰安婦」問題を解決するのは日本社会ではなく、韓国社会であるとでもいうように突き放したのである。そしてその安倍首相は朴大統領とは違って総理の席を奪われることなく、権力の座にあり続けている。

立ち止まって考えたい。二〇一五年にソウル大使館前から撤去せよと日本社会が要求した「少女像」と、あいちトリエンナーレから排除された「少女像」は、いったい何が違うのだろう。歴史から目を背け、市民運動を理解せず、両論併記が民主主義だとでもいうようにヘイトスピーチを野放しにし、性暴力問題を社会問題として認知せず、性差別を再生産してきた日本社会の声によって、「少女像」はずっと排除されてきたのだ。「表現の自由」の観点から「少女像」排除を語るだけでは、まったくこの問題の本質にたどりつくことはできないだろう。「少女像」がみせたのは、日本社会の残酷な性差別だった。そして残念ながら、この性差別構造から、あいちトリエンナーレ運営側も決して解放されていない。

性暴力をも「表現」に取り込む形式論

あいちトリエンナーレ2019のHPをみていたら、カンパニー松尾という男性監督による作品（AVではない）が出展されていることを知った。女性を殴り、怒鳴り、顔に吐瀉物を吐き散らす暴力的なAVをつくるバクシーシ山下と同じメーカーで働き、共同作品もある仲間である。この男性監督に、あいちトリエンナーレは今回新作を依頼していた。出品作品は、〝ハンディーカムを片手に、生まれ育った愛知にゆかりのある人々に対し、一対一でインタビューを繰り広げる〟（HPより）ものだという。

それはまさにハンディカム片手に女性と一対一になり、女性をインタビューし、自ら性交するという、この監督の得意な表現方法そのものに見える。あいちトリエンナーレは、AV撮影の手法で一般作品をつくってほしいという依頼をしたようなものだろう。公式HPでは「「動物として欲し・人間として愛す」矛盾を記録」「欧米とは明らかに違うアジアの性愛について考える上で重要な作家」ともっともらしい評価がなされているが、それは〝欧米の人権感覚〟で「日本のポルノ」をジャッジするなという牽制としか読めない。そもそも「アジアの性愛」と一括りにする雑さも含め、この監督の起用は、AVをカルチャーとして消費し、嗜好している側の発想だ。

ＡＶ業界からの被害を訴える女性が声をあげたのは二〇一五年だった。その声によって、次々に「私も被害にあった」「ネットに出回っている作品を削除したい」という声が大変な勢いで支援団体に届いている。最初の声から四年、まだ被害の実態も全容も明らかになっていない状況で、男女平等を掲げるあいちトリエンナーレで、ＡＶ監督に仕事を委嘱するような〝挑戦〟〝挑発〟が必要だったのだろうか。

民間の支援団体は日々の大量な相談に押しつぶされそうになりながら、目の前の痛みに対応を迫られている。そのような団体にとって脅威なのは、性暴力問題に対し「表現の自由」を掲げ、被害を矮小化する力である。

たとえば業界側に立ち、性の表現をする人が貶められてはいけない、表現の自由は守られなければならないという立場で、ＡＶ業界人による団体に上野千鶴子氏や青山薫氏等、アカデミアの人々が名を連ねたことは支援団体に衝撃を与えた（現在はこの会は休止）。巨大な一大産業に発展したＡＶにおける性暴力を告発するのは並大抵のことではない。ここでも「少女像」をめぐる議論に通じる「強制はあったのか」「女性たちの証言は本当か」という眼差しや、形式論的な「表現の自由」など議論の枠組みを狭め、矮小化して性暴力を語ることが繰り返されている。

あいちトリエンナーレ主催者側が行っているのは、まさにこの議論の枠組みそのものを前提にした「表現の自由論」であろう。男女平等とはいうが、それは「数」だけのことであり、そこには結局痛みもなければ人権もない〝だんじょびょうどう〟があるだけだ。

「表現の不自由展・その後」を組み込んで問題提起を大きくしたが、結局トリエンナーレ主催者が考える「表現の自由」とは、「少女像」も〝反権力〟としてのエロ（AV）と同じほどの軽さに映る。「性暴力」への理解はなく、「性暴力」も「性暴力問題」も〝ひょうげん〟の一部のような感覚であることが、あっという間に「少女像」を排除した一連の流れからはみえてくる。

歴史戦は終わらない

「少女像」は、日本社会の底が抜けていく様を私に何度もみせてきた。なんとか止めたいと心から願う。二〇二〇年は故松井やより氏が提案し実行された「女性国際戦犯法廷」から二〇年の節目の年である。女性国際戦犯法廷では、日本の戦後が忘れてきたこと、そして東京裁判では裁かれなかったことを女性たちが裁いた。戦争の天皇責任問題と、植民地問題、そして性暴力問題だ。法廷を記録したNHKの番組製作で、安倍晋三の介入によって右翼側の主張が挿入され、女性たちの主張が薄まる内容として放映される事件に発展したことは、いまとなっては象徴的だ。そもそも女性国際戦犯法廷は、「慰安婦」問題に触発されてうまれた「新しい歴史教科書をつくる会」への抗議でつながった女性たちが企画したものだった。

歴史戦は終わっていない。性暴力との闘いを止めることはできない。金学順さんが声をあげて二八年、そして女性国際戦犯法廷で天皇の責任と戦時性暴力問題が裁かれて二〇年。私たちはいま、ここで自分たちの足元を取り戻さなければいけないのだと思う。

フェミニズムが拓いた民主主義

　私は一九年四月に、「花を持って集まろう。#With You の声をあげよう」とＳＮＳで呼びかけた。あいつぐ性暴力事件への無罪判決に、いてもたってもいられない思いからだった。その後「フラワーデモ」と名付けた性暴力に抗議するデモは、想像もしなかった広がりをみせている。毎月一一日に全国各地でそれぞれ女性たちが声をあげているのだ。そこでは性暴力被害者が自らの体験を語りはじめている。過去を語ることで、未来を変えたいという切実な訴えだ。

　フラワーデモを通して改めて気付かされるのは、「性暴力被害者は語れない。語るには勇気がいる」という物語そのものが、被害者を追い詰めていたのかもしれないという事実だった。被害者は「勇気」ではなく、「聞いてくれる人」を求めていたのかもしれない。「嘘を言っているのではないか」「自分の意思で行為したのではないか」「どれほど強制があったのか」――、そのような疑いの目を持ち、性暴力を社会問題化してこなかった社会で、性暴力被害者は安心して話せる場を必要としていたのだ。そしてそれこそが、フェミニズムが勝ち取るべき場なのではないかと考えるようになった。

　少し前、韓国の若者と話した。韓国の一〇～二〇代、Ｚ世代といわれるかれらは、人権感覚に優れていると言われている。それは何故なのか？　と尋ねたときのこと。二〇歳の大学生がこう答えてくれた。「人権感覚がもともとあったのではありません。私たちの世代はフェミニズムに影響を受けています。フェミニズムを知ることは、最も弱い立場の人の声を聞くということです。だからそれが人権感覚につながるのだと思います」

韓国の民主主義の根底にフェミニズムがある。それは「慰安婦」の女性たちが声をあげつづけたことで拓いた未来だった。そして「少女像」は、その記憶を象徴する存在として若者たちに守られている。暴力を許さず、性の尊厳を絶対に守ろうとする者たちの闘いなのだと思う。

あいちトリエンナーレの「経営者」たちの判断の鈍さ、数字だけでの男女平等をうたう貧しさに、改めて強く抗議したい。痛みによりそう感覚のない〝フェミニズム〟に簡単にのっとられるような、民主主義の危機にいることを「少女像」を巡る一連の事件は露呈させた。

ここで、底を止めよう。

コラム4

自律的な場を試みた「表現の不自由展・その後」

いちむらみさこ

「表現の不自由展・その後」とはどのような空間だったのか。

作品は、どこかで何らかの圧力によって出展できなかったり、焚書の経験があるものが並べてあるので、それだけで、なにか禁断のベールをくぐる（実際、入口にベールのカーテンがある）時の、ほのかな緊張感があります。

そこは、ライティングや大きな映像を使ったムーディな空間とは違っています。展示作品を眺めると、「で、この作品の何がだめなわけ？」というその作品をめぐる出来事を観ようとします。展示されなかったその後に展開した作品や、日本軍性奴隷制で被害にあった少女そして老婆、原発事故と侵略戦争、また、その被害や加害など、作品同士が様々に関係していて、それらが過去のことではなくて、いま起こっていることでもあると感じます。皮肉にも、それは今回あいちトリエンナーレ側の予想を超えて、アクチュエルにあらわれました。

不自由展実行委側は、たとえば、何の過激さもないように見える《平和の少女像》が、歴史修正主義の政治家たちや市民にとって、ひどく癇に触る作品であり、攻撃しようとしていることは、ある程度予想していました。その上で、その展示をどのように営むか、そこが不自由展実行委のキュレーションの肝となっています。それは他のあいトリの作品にはないような方法だったと思います。それは何かというと、社会運動の現場などでは常に取り組まれている、人々による「自律的な場」の試みです。

不自由展開催中、緊迫した展示会場では、作品を観て大声を張り上げる観客に対して「静かに鑑賞しましょう」と穏やかに他の観客が話しかけたり、観客同士が「隠された歴史」について話したりすることが起こったそうです。観客たちがそこにある表現の自由を守ろうとすること(の困難さ)は、権力や既存の制度に抗するという態度が共有されてこそ起こりうる、オートノマスな空間の試みです。

展示会場が狭く感じますが、それによって観客が近くなります。もちろん、そこは居心地が良くないかもしれません。とはいえ、少女像の横の椅子に座って、写真を撮ったり、少女像の拳を握ったり(触ってもいいと合意は取れていますが、少女像はサバイバーなのでほんとうに触ってもだいじょうぶか何度も聞きたくなるのですが)と、ゆるい雰囲気が作られます。

この状況は一見ナイーブにも感じますが、国家と対峙しているタフさもあり、わたしは、これが、性暴力・性差別について向き合う時に沸き立つ感覚と重なりました。その雰囲気が暴力的な行為を防止していましたし、国家権力などは入る余地はありません。

権威に依存するのではなく、自分たちの自律的な場をつくろうとすることは、矛盾や葛藤と向き合い、面倒くさく、骨の折れることかもしれません。そういった民主主義のプロセスを日本は戦後に経ておらず、また、日帝時代、言論の自由は法で定められていたものの、言論統制や同調圧力が強くなったという過去の経験から、憲法では、検閲の禁止や表現の自由が定められているらしいのです。

ですから「定められた──表現の自由」そのものを、わたしたちはどうとらえているのかを疑う必要があります。美しいと感じさせるその力は、何かの権威に依拠していることがあります。現代美術では、作家が意図しているか否かに限らず、どのような力に忠実な態度をとっているのか、どのような特権を使っているのかが作品から露になります。

表現の不自由展では、支配されていることさえわからないほど権力が生活にはびこっていて、日本社会にどっしりと横たわっていることを、見せていました。

わたしが表現の不自由展を観に参加したとき、同じように参加した人たちは、今回の展示中止事件で日本には隠されている歴史があることを知った、この展示を観て知らされてないタブーを知りたかった、でもこれがそんなに過激？　天皇の絵を燃やしている映像は戦争責任を問うているから過激なのでは？　戦争責任を問うことなぜ過激なの？　などと話していました。

ＳＮＳで話されている感情的な空間とは違って、この展示会場では、まったく面識がない人同士でも顔をみながら話すと、人を傷つけるようなことはそう起こるものではないのではないかと感じました。

また、展示中止に抗議して、愛知芸術文化センター前で、毎日スタンディングをしていた人たちがいました。表現の自由について、人々と顔を見合わせた対話を試みようとしていました。こういった行動が左翼的と捉えられ、そこで思考が止まってしまうと残念ですが、街頭行動というのは、固定化された関係や制度からわたしたちを解放する一つの方法です。

それと同じような手段ですが、今回、展示再開に向けて、わたしは東京からヒッチハイクというインタラクティブな方法で愛知に向かいました。そして一〇月八日、この検閲に対して展示ボイコットしていた数々の作品群と共に「表現の不自由展・その後」の展示は再開しました。開催日から三日間、わたしは実行委員会の方々などと一緒に展示を見守りました。

あいちトリエンナーレは終了しましたが、今後「表現の不自由展」が勃発し、各地で開催されることを期待しています。

（アーティスト）

第７章　日々実施されている歴史修正——何が展示を中止させたか

西谷　修

自粛すらしない社会

『《自粛社会》をのりこえる　「慰安婦」写真展中止事件と「表現の自由」』（岩波ブックレット）が出たのは、ちょうど二年前の二〇一七年九月だった。ニコンサロンでの「慰安婦」写真展中止事件をめぐって「表現の自由」の状況を扱ったものだ。そのときには「臭いものには蓋をする自粛社会」の弊害がメイン・テーマになった。それから二年、「自粛社会」はのりこえられたか？　はからずも今回の「あいちトリエンナーレ企画展中止事件」では、「表現の不自由」をめぐる日本の現況があらためて白日の下にさらされることになった。

明らかになったのは、この社会はもはや「自粛」もしなくなったということである。あるいは、「自粛」は社会に薄く広く浸透する「嫌韓ムード」、そしてそれと不可分の「日本スゴイ」ムードのなかに解消され、それをベースにした「異物」攻撃が見えない形で噴出し、公権力（政府）がむしろそれを事実上追認して、「公共」の機能に機制をかける（決まっていた補助金の不支給を決定する）

といった状況になっている。

とくに二〇一九年になってから政府が公然と韓国敵視の姿勢を示し、それが世論に容認されるという気配の中で、不特定多数の「攻撃」が電脳コミュニケーション回路に噴出する一方で、「神国日本」主義者たちが旗を掲げてデモをする。そしてその胡乱な主張を、政府(安倍政権)が公権力をもって行政的に反映しようとするのである。だからこの社会はもう「自粛」していない。「表現の不自由展・その後」という企画展は、あいちトリエンナーレ2019のアド・ホックのようにして、独自の実行委員会のもとで、予算上も別枠、それでもトリエンナーレの全体に包含される形で計画された。だからこれは、トリエンナーレの枠内で実施することに意味があるとして企画されたものだと言ってよい。

ところが案の定、その中身の概要が知られると、すぐにいわゆる電凸が始まり、二日目には河村名古屋市長が「視察」にやってきて「日本人の心を踏みにじる……」等と発言、他の地方首長の何人かが同調、政府の官房長官までが文化庁補助金交付の再検討を言い出し、この企画展は三日目には閉鎖せざるを得なくなった。

今回のトリエンナーレにおける「表現の不自由展・その後」という企画展は、その中断と再開の経緯を含めて、まさに現在の日本における「表現の不自由」のありようを、進行形の出来事として見せつけるものになったのだ。

「日本人」とは誰のことか

言うまでもなく、問題にされたのは「少女像」、ソウルの日本大使館前に置かれて、「慰安婦」問題の象徴となった少女であり、またかつて焼却処分された展示会カタログを喚起させる、昭和天皇のイメージが燃える場面を含む映像作品である。また、後には３・11の被災地がらみの作品も標的に加えられた。

とはいえ、じつは個々の作品が問題なのではない。沸き起こったクレームには共通の傾向がある。それを炙り出す第一の標的になったのが《平和の少女像》である。その像と向き合った河村市長は「日本人の心を踏みにじる」と言ったが、そのときの「日本人」とは誰なのか？　椅子に座って、隣の空いた椅子が見る者を招いているかのような、どちらかというと無表情なこの「少女」とにらめっこをして、河村市長は自分が「責められている」とでも思ったのだろう。そして、非難や糾弾の面差しもなく、むしろ魂を消し去ったかのようなこの「無害」な少女の像を見て、「責め」を感じる自分を勝手に「日本人」と一般化している。それ自体、すでに異様な反応と言うしかないが、河村だけではない。電凸に殺到した多くの人たちは、展示を見てもいないのに、すでにそう感じて怒りをぶつけているのである。それがあの「慰安婦像」だと知っているからだ。そう、韓国が「反日」宣伝に使っているあの「慰安婦像」だからだ。

そんなものを、「公共施設」で展示するのはけしからん、という。だがそれが「日本人」一般の意識でないことは自明のことだ。つとに有名なその「少女像」とやらを見てみたい、あるいはアートは何を表現できるのか、その表現は社会の中でどんな意味をもつことになるのか、周知の政治的コンテクストに置かれることになったこの作品は何を表現しているのか、それを実際に観てみたい、鑑賞したいと思う日本人も多くいる。

また、そんなことには関心もなく、ああうるさい連中がまた騒いでいるな、どうでもいいじゃん、スポーツで盛り上がろう、と受け流してそっぽを向いている日本人はさらに多いだろう。しかし多くの人の関心の的になっているものだからこそ、「公費」で支えられるトリエンナーレのような場で展示する意味がある、と考えるのがまともである。

ところが、河村市長(とそれに呼応するクレーマーたち)は、自分の特殊な思いを投影し、「日本人とはこうだ」と勝手に決め込んでいる。そしてその独善的イメージに合わないものを「公共」の場から排除しようとする。「日本人」には不快だ、「反日」だというわけだ。そうして「日本人」を私物化し、他の日本人をそこから締め出し、日の丸(あるいは最近は旭日旗)を社会に振りかざすのである。そこには心情的な思い込みの基盤しかないのだが、いま日本ではそういう人物が市長になれる。そのことこそ問題である。河村は名古屋市長だから、自分が侮辱されたという感情を、職権上「名古屋人への侮辱」ということはできるかもしれない。しかし逆にこの市長の振舞いを「名古屋人への侮辱」とみなす「名古屋人」も少なからずいることだろう。

「天皇像を焼いた」のは作者ではない

河村市長（彼が代表役を買ってでたから彼に代表させて言えば）は、企画展再開時の「座り込み」——大村知事に、ヘイト団体と組んだ市長の異常な行為で条例違反と非難されたデモ——ではもうひとつの映像作品を問題にした。「天皇陛下の像を焼く」とはけしからんでしょうと。ただ、それが皇国史観のもとでの不敬罪を連想させるのを避けてか、加えて「陛下でなくても写真を焼いて踏んづけるなんてことはいかんですよ……」と言う。公式用語にすれば「肖像権」とか「人格権」とかの侵害だと言いたいのだろう。しかし、そんなサヨク用語では大衆に訴えないと、あくまで感情の用語で語ろうとする。実際、電話で寄せられたクレームでも、「気持が傷ついた」といったものが多かったようだ。

ところがこれは、元をただせば昭和天皇の肖像を使ったコラージュ作品（天皇を侮辱したものなどではなく、作者の自己意識の一部をなす心象イメージとして使われただけである。それこそ、昭和の日本人なら当然であろう）である。それが公開時に富山県議や右翼のクレームによって撤去され、すでに作製されていたカタログの処理に困った富山県立近代美術館がそれを焼却処分してしまった。その出来事を、作者が「その後」として映像作品にしたということだ。だから、「天皇像を焼いた」のは作者ではなく富山県立近代美術館であり、像の展示会からの撤去を求め、美術館をカタログ焼却処分に追い込んだのは、むしろ圧力をかけた県会議員や右翼なのである。

なぜ彼らはそれを要求したのか。写真といえども天皇は不可侵で、わけの分からない私的な作品に使うことがけしからん、そんなものを公共施設が展示することなどあってはならない、という「神国日本」的な発想で、戦時中まであった「御真影」に対する禁忌と変わらない。

日本における「公」――内閉と排除

またこういう時、決まってもちだされるのが「公金(税金)を使って」ということだ。ばかげた話だ。税金を払っているのは、自分たちの「日本人」を他の日本人に押し被せる彼らだけではない。よく指摘されるが、日本ではもともと「公共」の観念がきわめてあいまいである。というのは、それが私権に対してニュートラルな「誰にも属さず、だからみんなのもの」という「公共」ではなく、初めから色付きのものとして設定されているからだ(事の起こりは、明治初期以来の「神道非宗教論」にあるが、ここでは立ち入らない)。

あるいは、「公」は「私」より一段高くて、みんながそれに従うべきもの、奉仕すべきもの、となりがちである。役人は「公」に仕える公僕だが、その「公」にはみんなが参与しており、だから「私」はその前では譲るというのが本来だが、「公」は「私」の上にあって、「私」は「公」に従うべき、となりがちなのが日本である。

とくに、明治以降「パブリック」という用語が西洋から導入されたとき、これに「公」という語があてられたが、その由来は「おおやけ」で、せんじ詰めれば「天皇」が「シラス」ところとされたのである。けれども、実は天皇は「公的」に自己主張しない(少なくとも戦後は)。たいていの場合、「天皇」を使いたい者たちが、その権威を私物化して「天皇」の名の下で統治しようとする。だから「万邦無比」の（「世界の中心で輝く」）神国主義者にとっては、道具として使える天皇が必要なのであって、都合に合わなければ生身の天皇さえ蔑ろにされる。そのため天皇に厭われる場合もあるということだ。

要するに、日本の社会空間であるべき「公共性」は、「日本人」と同じように、「自分たち」の思いに従ったものでなければならない、という内閉と排除の意識が、この場合の前提になっている。だから税金（公金）も「自分たち日本人」のものなのだ。

あたりまえのことを言っておけば、公共施設というのは「公共」だからこそ、私的にはできないもの（儲けにならないもの）を受けいれたり、プロモートしてその領域（アートなりスポーツなり）をサポートしたりするための施設であり、社会が多様であればこそ、その多様性に開かれたものでなければならないということだ。

ただ、現在の趨勢として、公共機関や自治体さえ会社同様の経営主体と見なされて、何より採算を求められる。それがじつは、公共領域をすべて市場化して、政治（行政行為）を経済活動に併呑することで、統治の脱政治化を貫こうとする、いわゆる新自由主義の求めるところだが、この新自由主義のやり方は、「新」という装いにもかかわらず、「神国日本」的な反動傾向と奇妙に親和するのである。

というのは、この市場化の流れは富を生きた人間ではない法人に集中させて多くの人びとを貧困化させ、社会の階層乖離を深めてゆく傾向をもつが、反動的傾向が求めるのは実質的な身分制と力(金力・権力)による統治秩序の回復であり、後者は前者がシステム的に進める方向性を、知的論議によってではなく感情政治(扇動)によって正当化してくれるからである。それが新自由主義経済と反動傾向との癒合の秘密である。そしてこの両者が「公共」のありかを両方から侵蝕している。

政府が主導する感情政治

現在の日本の深刻な問題は、これを政府が黙認するというよりむしろ主導している点にある。電凸が集中し河村市長がクレームをつけた時点で、官房長官がまず文化庁の補助金不支給の可能性について言及している。そして実際、台風被害を押し退けて行われた内閣改造で着任した萩生田文科相が、さっそく文化庁の補助金不支給を言明した。政府は事実上、電凸(「テロ」脅迫)の肩をもったのである。

これは安倍政権の対応としては辻褄があっている。もともと「慰安婦問題」を極力矮小化し削除(ディレート?)しようとしてきたこの政権は、《平和の少女像》がアメリカ始め世界に広まることを嫌って「反韓」の国際キャンペーンを進め、二〇一五年末の「日韓最終合意」の後で、それ以上の拡散を阻止するために、この像を「慰安婦像」と呼ぶことを決めたのである。よく分からない理屈になっているが、要はこれが韓国の悪意による政治的プロパガンダだと強調するためだろう。そして「少女像」が作られた事情より、「慰安婦像」と呼ばれる像そのものが外交問題の焦点にされるようになった。

それ以降、韓国最高裁の徴用工判決、韓国海軍による照射「事件」、そして日本の天皇の代替わりと「令和改元」を経て、安倍政権は米トランプ政権の手法を真似てか韓国に対する「経済制裁」に踏み出し、いわゆる「ホワイト国除外」を閣議決定した（憲法「解釈」以来、この国では何でも閣議決定で決める）。これは事実上の友好国除外であり、韓国を信用上「格下げ」するあからさまな侮蔑行為でさえある。ところが、これが世論の広範な（といってよい）支持を受けた。そしてマス・メディアでは日本政府の「反韓」ではなく、韓国の「反日」姿勢が強調され、「嫌韓」を超えて「断韓」といった表現さえ飛び交うようになった。

韓国では、民主化運動を経て成立した文在寅政権が、北朝鮮問題でも舵を切り、大きな政治的節目を迎え、国論分裂を抱えて困難に直面しているのはたしかだが、自国の問題には背を向けて、野次馬よろしく韓国ネタではしたなく騒ぎ立てる日本のマス・メディアは、まったく内向きの「アベ日本」に身を預けていると言わざるをえない。その風潮と歩調を合わせているのは、胡乱な招致や運営の問題はいっさい顧みず、オリンピックを盛り上げるのがメディアの役割だと言わんばかりに、ニュースをそれ一色で染めていく上ずりである。なぜか、スポーツでは「ニッポンがんばれ！」と無条件で言える。その「ニッポン」の上に安倍政権に私物化された異様な日本がかぶさっている。

その結果が、「嫌韓」デフォルト（どうやら年配のオヤジが主力のようだが）の「官許ニッポン」であり、その「ニッポン」が「傷つけられている」と感じて、行政の長たちが「慰安婦像」の排除を先導する。しかしその「ニッポン」とは、天皇を戴いて民に崇敬させ、そのもとで夜郎自大が勝手放題の統治をする、そんな「神の国」(森元総理)なのである。

「自由」を獲得した歴史否認

世界の共通用語で言えば、これは「歴史修正主義」あるいは「歴史否認」ということになる。この用語とそれが示す傾向とは、もともとヨーロッパで冷戦期後期に現れた。歴史で言われる「アウシュヴィッツの犯罪」はなかった、ガス室などなかった、という主張である。その主張はユダヤ人排撃(人種主義)の復活と、ナチズムの免罪を目指していた。これはスキャンダルとなり、大論争の後、西洋先進諸国ではこの種の言説は戦後社会の公共的正義の根底を揺るがすものとして、法的に禁止されることになった。ところがこれは「言論・思想信条の自由」の名のもと、冷戦崩壊後の価値相対化あるいは「自由化」の時代にしだいに社会に浸透し、情報「民主化」のSNSの時代に「ポスト・トゥルース」状況の出現とともに、そのコミュニケーション環境のなかで「自由」を獲得したのである。

そこでは「私」と「公」の敷居が撤去される。私的な感情による反応が、公的な発言ともはや区別されない。政治家も私人も同様である。実生活では分断された個人も、ヴァーチャルだが広範な結びつきを得ることができる。その「結びつき」はクリック数で確かめられる。そうなると、分断され孤立した個人の条件に規定された自己主張は、「自分ファースト」の共有というパラドクサルな「結びつき」を生み出すことになる。

その発端には「歴史否認」がある。「歴史否認」とは何か。もちろんそれは歴史的に起ったことを否認する、あったことをなかったことにするということだが、現実としては、第二次世界大戦の経験によって（わたしはそれを第一次大戦と連続のものとして「世界戦争」と呼んでいる）多大な犠牲を経て得られたもの、一言でいえば「戦後の世界秩序」ベースたる価値原理を否認することである。シュペングラーは「西洋の没落」を語ったが、それを西洋的価値の破綻とは認めない、そして戦後普遍的なものとして立てられた「人権（尊厳）」といった価値の規範性を認めない、ということである。

日本にもそのヴァージョンがある。日本にその類同物が公然と現れたのは、冷戦後の「慰安婦問題」の提起と時を同じくしている。戦争中の日本の朝鮮半島支配による「人権」に関わる被害を認めよという要求だ。それに対して文字どおりの「歴史修正」の動きが現れた。戦後の見方を「自虐史観」と否定する、勝手に作れる「自由主義史観」の主張である。

安倍晋三という政治家が登場したのはこれと時を一にしていた。それが9・11によるアメリカの変化を背景に、拉致問題以来の「朝鮮敵視」をてこに、大震災の混乱に乗じてとうとう政権の座に就き、「歴史修正」を日本政府の暗黙の立場にしてしまったのである。

現在の日本政府は、自民党憲法草案に如実に表れているように、国民が国家に奉仕し献身することを理想の国家像としている。それは戦時中までの日本の国家理念である。それは敗戦によって否定され、日本は国民がみずから国を運営する民主国家として再生し、非戦を掲げることによって国際社会に再び編入されたことになっているのだが(それで日本の国際的位置もある)、それを認めない、というよりそれを否認してなかったことにする、それが日本における「歴史修正」であり「歴史否認」である。

この「歴史否認」は何らかの崇高な理念や政治思想を擁しているのかと言えば、そんなことはまったくない。「美しい国」や「神国日本」を掲げはするが、基本は規範原理の否認であり、「書き換え」であり、それによる「私権(恣意)」の押しつけである。だから、安倍政権が公文書を隠蔽し、改竄し、廃棄し、果ては「歴史」の元となる公文書を作らせないというのは、この政権にとって何らかの理念実現のための手段なのではなく、「修正主義」そのものの本性なのである。つまり「修正主義」だから、森友・加計問題のような事案を起こし、公務員も「私僕」化し、原発事故の衝撃も「アンダーコントロール」で「書き換え」、日米交渉でトランプのアメリカに「国を売り渡す」ようなことをやって恥じないのである。その意味では、「歴史修正」は目指されているのではなく、いま現に実施されている。

「どっちもどっち」論という言説の新自由主義

「歴史修正」が力をもつと、「どっちもどっち」論が登場する。以前は規範的なものに軸があったが、もはやそれがないことになり、規範と規範の無化とが二項対立として並べられ、自分はそれを免れていると高みに立つ言論遊びが成り立つようになる。そういう言説は、AもBも対立するだけでだめ、その中間か外部にCという解を見つけなければダメだ、とか言うが、じつはそこにあるのはA、B、Cその他いくつも項のある対立ではなく、Aか非Aかの対立なのであり、その間には分断しかない。新しさを装ったそんな論理ゲームの前提にあるのは「自由主義」(思想信条の自由?)、そう言って誤解があるのなら「新自由主義」である。商品化と市場を前提にした言説の新自由主義、言説そのものが規範性の上に成り立つことを没却した、制約解除の「自由主義」だ。

付言しておくなら、経済における古典的自由主義は道徳形而上学を前提にしていた。だからアダム・スミスの市場には「神の見えざる手」が働いていた。だが「すばらしい新世界」たるアメリカの制度性に発する「新しい自由主義」にはその土壌がない。あるいは根を断ち切った。市場そのものが選ぶ「見える手」なのである。剝き出しの「自由主義」。それが言説をも市場化し、売れなければ、聞かれなければ、意味がない、名が売れるのは、消費者の欲望に応え得ているからだという。そうして「ポスト・トゥルース」のレジームが開かれる。

今回のあいちトリエンナーレをめぐる「騒動」は、そんな世界史的コンテクストの内にある。同じような現象と問題はアメリカでもヨーロッパでも、それぞれの変数の上で起こっている。大きく言えば、「世界戦争」をどう評価するかということ、そして「戦後」の価値の上に社会を構成するか、あるいはその基本的変更(ポイント・オブ・ノーリターンであったはずの変更)を「否認」するかという抗争が、グローバルな市場化と情報化が競われるいわゆる「先進」世界に噴出しているということだ。

コラム5

もし人々が怒りを露わにしないのであれば

ミキ・デザキ

「表現の不自由展」の目的は、過去に検閲された作品たちを展示することにあった。そのような作品が、再び展示中止に追い込まれたという事実は皮肉に満ちており、嘆かわしい。

展示を中止することは日本社会に途方もない副次的効果を及ぼすだろう。メディアには自己検閲という波状効果を引き起こし、ネオ・ナショナリストたちには、彼らがやっている人を痛めつけるような策略や、暴力的な恫喝が現在有効であるというサインを送ることになる。

さらに、日本軍「慰安婦」や強制連行といった歴史的なテーマ、そして人種主義や性差別主義という現在的なテーマに対して、日本の人々は口をつぐむべきだという見解を、さらに強固なものにする。

名古屋市の市長のような人物が、展示を中止に追い込むために脅迫行為をする人々に同調し、他国の政府関係者が展示の検閲を糾弾しないということは、ネオ・ナショナリストたちによる日本軍「慰安婦」やその他の歴史的な見解が、マスメディアにとって唯一「安全」な表現の方法に変わってしまう状況を作り出すだろう。メディア自身も、攻撃され脅迫されることを恐れているからだ。結果として、日本の人々は、政府から支援を受けたネオ・ナショナリストたちの歴史的見解にのみ、耳を傾けることになるだろう。

「表現の不自由展」は社会を提示し、また日本の人々が、日本は変わり、表現の自由を擁護するということを示し、また以前検閲された作品たちを提示するための絶好の機会であった。

しかし、不運なことにこの企画展は、現在の日本において、ネオ・ナショナリストたちの見解が優位にあることのシンボルに変わってしまった。

もしメディアがこれ以上政府を監視しないのであれば、もし政府が教科書から歴史を消し去るのであれば、もし犠牲者たちを悼み、権威に挑む芸術家たちが検閲を受けている最中なのであれば、そして日本の人々が表現の自由に対するこの攻撃に対して怒りを露わにしないのであれば……、日本の民主主義はいったいどうなってしまうのだろうか。

（映像作家）

おわりに——あいトリが終わっても、不自由展中止事件は終わらない

記録は抵抗のはじまり

不自由展が作家に説明もなく、私たち実行委員会との誠実な協議・合意もなく、河村たかし名古屋市長の政治介入発言を挟み、大村秀章愛知県知事と津田大介芸術監督により拙速に中止が決定され、それが報道された直後、絶望的な思いになっていた私は、二人の女性から連絡をもらった。

一人は本書編集者の中本直子さん。何が起きたのか、しっかり社会に伝える本を作ろう、と。もう一人はトリエンナーレ出品作家のイム・ミヌクさん。暴力的な状況に置かれている時に、作家として何もしないわけにはいかない、私は作家として考える、有佳さんは声をあげ、すべてを記録してほしい、と。

開幕から三日間、開館時間は不自由展会場で見守り活動をしながら、観客への作品説明に応じ、連日午前二、三時まであいトリ側と対策会議で心身ともにふらふらだった私は、中止が強行されるという緊急事態の中でこの二人の言葉を聞き、大きな励ましを受け、同時に身が引き締まる思いだった。とにかくあきらめずに闘い、記録して、必ずこの中止事件の核心問題を問い続けよう

と決意した。以降、約七〇日間、東京と名古屋を往復しながらの経緯は本書に書いた通りである。

私とアライ＝ヒロユキさんが主に現地と行き来し、交渉に次ぐ交渉、公開質問状、抗議文の作成、検証委員会報告の検証、仮処分申請のための陳述書に膨大な証拠書類の準備と反証書類作成、記者会見、取材対応に原稿執筆など日々追われている中で、中本さんは頻繁に情報共有をし、名古屋には二度来てあいトリを見ながらいろいろ話し合ったことをもとに、本書の主な構成を考えてくださった。結果、緊急出版という時間の制約の中、「日本社会そのものの不自由さを炙り出す」ために多様な分野の方に書いていただくことができた。執筆者のみなさんにはこの場を借りてお礼申し上げたい。

ここで言っておくべきことがある。今回の不自由展中止事件のマスコミ報道の中心は、津田監督であり、あいトリ側であり、重要な当事者である私たち不自由展実行委員会についての報道がほとんどないという、驚くべき不均衡な報道であった。また、名古屋ということ、会期末まで長期にわたることもあって、地方紙や雑誌、韓国メディア、独立メディアやフリーの記者たちも継続的な取材ができなかったという事情も重なった。結果、本書ではジャーナリストによる検証記事は断念した。今回の展示中止事件報道については、あらためてモニタリングを行わなければならないと思う。ただし、数多くの取材を受けた中で、主に女性記者たちの粘りづよい取材や本質をついた記事もあったことは言っておきたい。

会期終了で東京に戻り、講演会や集会、大学の授業での発表などさまざまな依頼に応じているが、参加者の多くは不自由展を観られなかったし、前記のような報道状況なので、これほど事件の全体像が知られていないのかと驚くばかりである。その意味で、本書がこの展示中止事件を考える上で手がかりになればと願う。

繰り返される取りやめ

あいトリが終わっても、類似の事件が続いている。

本書に執筆いただいているミキ・デザキ監督の『主戦場』が、川崎市で開催中のKAWASAKIしんゆり映画祭で上映中止になった。映画祭代表は、共催の川崎市から上映は厳しいと言われ、不自由展中止をふまえ、「嫌がらせや脅迫など見えない恐怖におびえた」「セキュリティーの問題をクリアし、万全な態勢で上映できるときに上映する方向で検討したい（傍点筆者）」と語ったという（『神奈川新聞』二〇一九年一〇月三〇日）。その後、さまざまな人の抵抗によって上映を勝ち取り、最終日の一一月四日に再開された。

一〇月二九日から開催の「伊勢市美術展覧会」で少女像をコラージュした作品が展示取りやめとなった。作者は美術展の運営委員を務めるグラフィックデザイナーの花井利彦さんで、不自由展に着想を得た作品である。伊勢市の鈴木健一市長は、「表現の自由と会場の安全面の運営は切り離して考えていただきたい（傍点筆者）」とした（NHK東海のニュース、二〇一九年一〇月二一日）。

こんなマイナスの連鎖が起きているということは、不自由展中止事件はまだ終わっていないのだ。いずれのケースも取りやめの理由について、判で押したように「安全のため」と言っている。まさに、あいトリで起きたこととの反復である。「安全を盾にすること自体が全体主義の表れ」と、あるあいトリ出品海外作家が言った言葉を想起する。

不自由展中止の理由をめぐる最大の争点の一つである、「セキュリティ」を主張するあいトリ側と、「検閲」だとする海外ボイコット作家や不自由展実行委員会の認識の相違について、日本社会、とりわけ日本現代アート界では並行線のままである。

また、「セキュリティ」問題が浮上するそもそもの原因である、匿名性の理不尽な攻撃や妨害の背景にある歴史認識の問題も放置されたままである。だから問題の本質の追究をやめるわけにはいかない。さらに〝ヘイト・スピーチも「表現の自由」だ〟とする言説が後を絶たないことについても、議論を深めていかねばならない。本書でいちむらみさこさんが、不自由展実行委のキュレーションの肝は、人々による「自律的な場」の試みだと指摘しているとおり、私は今後も、表現の送り手と受け手の〈表現の伝達と交流の場〉が保障された「表現の自由」を守っていきたいとあらためて思う。

会期中から、「不自由展を開きたい」という問い合わせを複数いただいている。各地で主体的な実行委員会が作られ、私たちも協力して展開していけたらと思う。また、韓国では不自由展実行委員会に対して美術理論分野で優れた活躍をした美術家に授与される金復鎮賞の授賞が決まり、一二月には済州島で開かれる展覧会に「不自由展」を招待したいという申し入れも来ている。

こうして〈表現の伝達と交流の場〉づくりを継続しつつ、不自由展中止事件の解明、解決されていない課題をより深くていねいに検証していきたい。

安全性もキュレーションも検閲の口実に過ぎない

また、文化庁の補助金不交付は、多くの問題を突きつけている。

文化庁があいトリへの補助金約七八〇〇万円の不交付決定をしたことに対し、不自由展委員会は抗議する。正当な手続きを経て公開された表現の権利は、それが人道に反するものでない限り、最大限保障し支えることが公共機関の使命である。

ここで、私たちはあいトリ展示中止事件をもう一度想起せねばならない。セキュリティ問題、キュレーション不備などいくつもの理由をつけ、あいトリ自身が公的責任を放棄し、検閲を行った。しかし、作家や表現者、市民は守るべき公共空間を守ったのだ。そうして再生したあの〈場〉に対し、国家機関が約束した金銭的保証を放擲するのは、自由に対する冒瀆ではないか。

税金から補助金を支出する公的イベントこそ、社会の多様な構成員を反映する、マイノリティを排除しない表現が保障されなければならない。私たち不自由展委員会は、政府・文化庁に対し、恣意的な行政対応を即刻改め、補助金・助成金の不支給決定を撤回し、速やかな全額交付を強く求める(不自由展委員会抗議声明、二〇一九年一一月六日付より)。

二〇一九年一一月五日には、オーストリアのウィーンで開かれている「ジャパン・アンリミテッド」に対し、在オーストリア日本大使館が公認を取り消したというニュースが飛び込んできた。同展は日本との国交一五〇年を記念した芸術祭で、福島原発事故や安倍政権批判などを扱った作品が展示されていた。公権力による検閲は、安全性もキュレーションも関係がないことを、またもや証明している。

最後に、不自由展を支え、中止発表後、再開のためにさまざまな方が連帯してくれたことに心から感謝申し上げる。一人ひとりお名前を上げることはできないが、不自由展参加作家、あいトリ出品作家のみなさん、とりわけ抗議と連帯の作品ボイコットをした作家のみなさんをはじめ、七〇日にわたるスタンディングを続けた地元の「愛知県民の会」のみなさん、各地で署名活動や集会、アクションをしてくださったみなさん、内外から声明を出してくださったみなさん、仮処分を闘ってくださった弁護団のみなさん、そっと応援してくださったあいトリのスタッフやボランティア、書店の方々、再開を心から喜んでくださった観客の方々、そして、私たち実行委員とともにずっと動いてくださった三木譲さん、番園寛也さん、李史織さん、竹内絢さんをはじめ東京から駆けつけて手伝ってくれた二〇一五年の表現の不自由展のみなさんに、編者を代表して感謝の気持をお伝えしたい。

岡本有佳

二〇一九年一一月六日

主要執筆者一覧

蟻川恒正(ありかわ・つねまさ)
1964年東京生．憲法学．日本大学教授．著書に『憲法的思惟――アメリカ憲法における「自然」と「知識」』『尊厳と身分――憲法的思惟と「日本」という問題』(以上，岩波書店)他．

安 世 鴻(アン・セホン)
写真家．韓国，東ティモール，インドネシアなどで約20年日本軍性奴隷被害女性たちを取材．著書に『重重　中国に残された朝鮮人日本軍「慰安婦」の物語』(大月書店)『誰が〈表現の自由〉を殺すのか』(共編，御茶の水書房)他．

岡村幸宣(おかむら・ゆきのり)
1974年生．原爆の図丸木美術館学芸員．2016年第22回平和・協同ジャーナリスト基金奨励賞を受賞．著書に『非核芸術案内』『《原爆の図》のある美術館』(以上，岩波ブックレット)『《原爆の図》全国巡回』(新宿書房)他．

前川喜平(まえかわ・きへい)
1955年生．現代教育行政研究会代表．元文部科学省事務次官．著書に『面従腹背』(毎日新聞出版)，共著に『生きづらさに立ち向かう』(岩波書店)『同調圧力』(角川新書)他．

常見陽平(つねみ・ようへい)
1974年生．労働社会学．千葉商科大学国際教養学部専任講師，働き方評論家．著書に『僕たちはガンダムのジムである』(日経ビジネス人文庫)『「就活」と日本社会』(NHKブックス)『僕たちは育児のモヤモヤをもっと語っていいと思う』(自由国民社)他．

武田砂鉄(たけだ・さてつ)
1982年生．ライター．著書に『紋切型社会』(朝日出版社，新潮文庫)『芸能人寛容論』(青弓社)『コンプレックス文化論』(文藝春秋)『日本の気配』(晶文社)他．

中野晃一(なかの・こういち)
1970年生．比較政治学，日本政治，政治思想．上智大学教授．著書に『戦後日本の国家保守主義』(岩波書店)『噓に支配される日本』(共著，岩波書店)『右傾化する日本政治』(岩波新書)『私物化される国家』(角川新書)他．

北原みのり(きたはら・みのり)
作家．「ラブピースクラブ」代表．著書に『毒婦．』(朝日新聞出版，講談社文庫)『さよなら，韓流』(河出書房新社)『奥さまは愛国』『性と国家』(以上共著，河出書房新社)他．

西 谷 修(にしたに・おさむ)
1950年生．哲学．東京外国語大学名誉教授．著書に『不死のワンダーランド』(青土社，講談社学術文庫)『夜の鼓動にふれる』(東京大学出版会，ちくま学芸文庫)『戦争論』(岩波書店，講談社学術文庫)『世界史の臨界』『理性の探求』(以上，岩波書店)『アメリカ 異形の制度空間』(講談社選書メチエ)他．

岡本有佳
編集者．風工房主宰．「表現の不自由展・その後」実行委員．共編著『〈平和の少女像〉はなぜ座り続けるのか』（世織書房）『《自粛社会》をのりこえる』（岩波ブックレット）『誰が〈表現の自由〉を殺すのか』（御茶の水書房）『政治権力VS メディア　映画『共犯者たち』の世界』（夜光社）他．

アライ＝ヒロユキ
1965 年生．美術・文化社会批評．美術評論家連盟会員．「表現の不自由展」実行委員．著書に『検閲という空気』『天皇アート論』『宇宙戦艦ヤマトと 70 年代ニッポン』（以上，社会評論社）『オタ文化からサブカルへ』『ニューイングランド紀行』（以上，繊研新聞社）他．

あいちトリエンナーレ「展示中止」事件
——表現の不自由と日本

2019 年 11 月 27 日　第 1 刷発行
2020 年 12 月 15 日　第 3 刷発行

編　者　岡本《おかもと》有《ゆ》佳《か》　アライ＝ヒロユキ

発行者　岡本　厚

発行所　株式会社　岩波書店
〒101-8002 東京都千代田区一ツ橋 2-5-5
電話案内 03-5210-4000
https://www.iwanami.co.jp/

印刷・三秀舎　製本・中永製本

ISBN 978-4-00-061378-1　Printed in Japan